今を生きる思想

宮本常一

歴史は庶民がつくる

畑中章宏

現代新書
100
HUNDRED

講談社現代新書
2706

はじめに　生活史の束としての民俗学

「心」の民俗学と「もの」の民俗学

人文科学の諸領域は「私たちはどこから来たのか」「私たちはなにものか」「私たちはどこへ行くのか」という命題を追究するものだと私は理解している。歴史学も社会学も、人類学も民俗学も、究極の目的は、こうした命題を明らかにしていくことに間違いないだろう。またそれは、人文科学にとどまらず、社会科学でも、自然科学でも目的とされていることなのではないか。そしてその目的に至る方法や対象の違いによって、学問の性格が異なってくる。民俗学もまた「私たちはどこから来たのか」「私たちはなにものか」「私たちはどこへ行くのか」を追究してきた学問である。ほかの学問でもそうだが、追究しようとする「私たち」がどこまでを含むのかも大きな問題になる。学問領域によっては「人間」「人類」、あるいは「生物全般」を含む場合もあるかもしれない。

柳田国男《やなぎたくにお》（一八七五〜一九六二）は二〇世紀の日本列島に住む日本人を「私たち」とあらかじめ措定して民俗学をはじめた。そして「私たち」の起原（どこから）、定義（なにもの）、未来（どこへ）を追究・探求する際、柳田は「心」を手がかりにし、「心」の解明によって明らかにできると考えたのだ。そのとき「心」を構成する資料は、民間伝承、民間信仰から得られるものだと考えたのである。この柳田の直観、あるいは思想が「日本民俗学」の発端となり、「日本民俗学」の性格を決定づけたのである。

これに対して宮本常一《みやもとつねいち》（一九〇七～八一）は「もの」を民俗学の入り口にした。たとえば生産活動などに用いてきた「民具」を調べることで、私たちの生活史をたどることができると考えた。そして民俗学における伝承調査を、「もの」への注目に寄せていくことで、私たちの「心」にも到達できると考えたのだった。

フィールドワークから実践へ

日本の民俗学は柳田によって開かれ、同世代の折口信夫《おりくちしのぶ》（一八八七～一九五三）、南方熊楠《みなかたくまぐす》（一八六七～一九四一）らによって発展していった。彼らのあと有力な財界人でもある渋沢敬三《しぶさわけいぞう》（一八九六～一九六三）が独自の立場から後進を支援、指導し、そのなかで最も精力的な活動を展開したのが宮本常一である。

宮本は日本列島をすみずみまで歩き、多くの人びとから夥《おびただ》しい数の話を聞いた。民俗学はもちろん、人類学や社会学でもフィールドワークは調査研究の重要な手法だが、宮本のそれはほかの調査者たちとどのように違うのか。宮本は自身のフィールドワークをふまえてこんなふうに記している（「あるいて来た道」『民俗学への道』著作集版より要約）。

さまざまな差が見られる村の風物には、それぞれの歴史と理由をもち、私たちの生活意識の表現でないものはない。このような村里の風物に接することにより、私たちはそのなかに含まれた意味を汲みとらなければいけない。自分の知っている世界だけが世界のすべてではない。知らない世界、考えのおよばない世界が、そのかなたに無限にかくれている。村に入り、民家の人たちと言葉を交わすことによって、表現せられる物象の底に潜む生活意識と文化を知ることができる――。

ここで宮本は、「世界」という言葉を使っているが、「世間」という言葉を用いることも多い。「世間」は宮本が、その民俗学の対象とした人びとが暮らす社会を指し示すのにふさわしい言葉であり、そこから読み取れることは少なくない。

宮本は、見て、歩き、聞くことにより、列島各地の歴史や事情に精通し、農業、漁業、林業等の実状を把握するとともに問題点を明らかにしていった。そしてそれは、個別の共同体がどのような産業によって潤っていくかを、共同体の成員とともに具体的に考えていくことだった。またいっぽうで、調査される側の「迷惑」についてもきわめて意識的だった。

宮本の民俗学がほかの民俗学者の民俗学と際立って違うのは、フィールドワークの成果が実践に結びついていったことである。戦中・戦後の大阪府下での農村指導をはじめ、新潟県山古志村《やまこしむら》（現・長岡市）、同県佐渡の宿根木《しゅくねぎ》などでは、民俗文化財をどのように生かしていくのかを考えて、いわゆる「地域おこし」（町おこし、村おこし）の先駆的な活動をおこなった。また、瀬戸内海に浮かぶ山口県周防大島で生まれた宮本は、「離島」が抱える本土との格差を埋めるために尽力し、民俗学者としての説得力と粘り強い活動により離島振興法を成立に導いている。

「庶民」の歴史を構想

宮本は歴史をつくってきた主体として、民衆、あるいは庶民を念頭においた。これまでの歴史叙述において、庶民はいつも支配者から搾取され、貧困で惨めで、反抗をくりかえしてきたかのように力説されてきた。しかし宮本は、このような歴史認識は歴史の一面しか捉えていないし、私たちの歴史とはいえないと考えたのだった。

また宮本は、民俗学はただ単に無字社会の過去を知るだけではなく、その伝統が現在とどうつながり、将来に向かってどう作用するかをも見きわめなければならないという。ただしかし、日本では無字社会はすでに消滅してしまっているため、無字社会の伝統をもつ社会のなかで慣習によって保持されてきた文化を研究する学問だということになる。そのうえで、無字社会の伝統を、停滞し固定しているものとしてみるのではなく、なお生きて、流動しているものとして捉えるのだ。

そして、歴史に名前を残さないで消えていった人びと、共同体を通り過ぎていった人びとの存在も含めて歴史を描き出しえないものかというのが、宮本の目標とするところだった。また「進歩」という名のもとに、私たちは多くのものを切り捨ててきたのではないかという思いから歴史を叙述することを試みた。

宮本の問題意識はこうしてやがて明確になっていき、民衆史を書かせることになる。そして、「大きな歴史」は、伝承によって記憶されるだけで記録に残されていない「小さな歴史」によって成り立っていることを、具体的に示そうとしたのである。そのために、従来の民俗学が積み重ねてきた「民俗誌」ではなく、生活意識、生活文化にもとづく「生活誌」、あるいは「生活史」によって描き出そうとした。生活誌、生活史を叙述する際に、私たちが獲得してきた技術や産業の変化に目を向けたことも、宮本民俗学の大きな特色である。

柳田国男は現在に残存する民俗伝承を比較していくことで、その祖形、あるいは理念を探りあてようとした。折口信夫は民俗の伝承と古代文学を比較して、古代文学のなかに含まれた民俗的意味を明らかにしようとした。しかし宮本は、古代社会は統一された「ひと色の文化」のなかにあったのだろうかと疑問を抱く。そして「日本」がひとつではないことを描き出していった。

「思想家」として位置づける

このように調査し、叙述されていった宮本の民俗学は、私たちの生活が「大きな歴史」に絡めとられようとしている現在、見直されるべき重要な仕事だと私は考える。これほど生活に密着し、生活の変遷を追った仕事は、日本の近現代でほかにはみられないからだ。宮本は庶民の歴史を探求するなかで、村落共同体が決して共同性に囚われてきただけではなく、「世間」という外側と絶えず行き来し流動的な生活文化をつくってきたことも明らかにする。そしてそれは、公共性への道が開かれていたと解釈することができるのだ。また近代を基準にみたとき、さまざまな面で遅れているとされてきた共同体の生活、あるいは慣習のなかに、民主主義的な取り決めをはじめ、民俗的な合理性があったことも裏づける。

いっぽうで、宮本の民俗学には「思想や理論がない」「その方法を明示していない」とアカデミックな民俗学者から批判されてきた。宮本が書いたものは民俗誌的、民俗史的叙述に終始しているというのである。

『忘れられた日本人』にしても、定住農民とは異なる人びとに光をあてた『海に生きる人びと』と『山に生きる人びと』にしても、読み物としてのおもしろさに目が行きがちである。どの著作にふれても、知らない事実が述べられていることや常識だと思っていたことが覆される快感を味わうことができる。またそうしたエピソードが、文献だけをもとにしているのではなく、宮本自身が日本列島の各地を歩いて得たことに心を動かされるのだ。いわゆる「旅する巨人」としての宮本常一のイメージである。

宮本の著作、そこで叙述される文体には堅苦しさがなく、難解な用語を用いていない。フィールドワーカーとしての軽やかさ、庶民と同じ目線に立った親しみやすさが、宮本民俗学に対するイメージをかたちづくってきた。

しかし、宮本常一の民俗学には閉ざされた「共同体の民俗学」から開かれた「公共性の民俗学」へという意志と思想が潜在しているのではないか。成員を統合する価値だけで結びつくのではなく、絶えず外側から価値を導入し、変化していくのだ。また主流に対する傍流を重視すること、つまりオルタナティブの側に立って学問を推し進めていったことも特筆すべきであろう。

こうした宮本の民俗学の底流にある「思想」を解き明かしていくために、まず宮本の代表作とされる『忘れられた日本人』を読み進めていきたいと思う。

目次

第2章　「庶民」の発見　29

第5章　社会を変えるフィールドワーク

第6章　多様性の「日本」

第1章　『忘れられた日本人』の思想

多様な語り口による叙述

『忘れられた日本人』は雑誌『民話』の一九五八年（昭和三三）一二月号（第三号）から同誌の休刊号となった一九六〇年（昭和三五）九月号（第二四号）に連載された「年よりたち」と、その他の雑誌に掲載された文章を単行本にまとめたものである。

この本に収録された諸編は、民俗学の調査研究の報告書、あるいは学術論文として書かれたものではない。しかも各編の叙述のスタイルが、調査・紀行・座談・聞き書き・随筆などさまざまなところが、この本の特色であり、魅力になっている。

「対馬にて」と「村の寄りあい」は、共同体で伝承されてきた村落の合議制度や、民謡、踊りといった民俗芸能の伝承のされ方について紀行文の体裁で描く。

「名倉《なぐら》談義」は、村の発展や労働のあり方を座談形式で考える。「子供をさがす」は、共同体ならではの人のつながりを描いたスケッチ風小品。「女の世間」は、女性たちの共同体と共同体外の社会との関係のもち方を描いた民俗誌、生活誌である。

「土佐源氏」は盲目の「乞食」がモノローグ形式で語る性生活誌、「土佐寺川夜話」は限界集落ともいうべき辺境を訪ねた際の紀行文。

「梶田富五郎翁」、「私の祖父」と二編の「世間師」は老人たちの人生を通して農村・漁村、農民・海民文化を映し出した生活誌。二編からなる「文字をもつ伝承者」は地方に住む在野の民俗学者を訪ね、その人生と業績を記した評伝風紀行文となっている。

こういった多様な形式で記録した村里の話題を、新しい「民話」を模索しながら宮本は書き綴った。学術研究書をめざしていないとはいえ、宮本はなぜこのような多様な形式で民俗を描いたのか。それは民俗学の叙述においては、調査対象やフィールドワークの主題に応じて、それに近づくのに最もふさわしい方法をとるべきだということを、宮本は主張したかったのではないだろうか。

「土佐源氏」とはなにものか?

『忘れられた日本人』に収録された話のなかで最もよく知られているのは、「土佐源氏」だろう。話の主人公は土佐の山間、伊予との国境に近い檮原《ゆすはら》村（現・高知県高岡郡梼原町）に住む、年老いた乞食である。夜這いによってこの世に生を享《う》けたこの男は、母親が早くに亡くなったため祖父母の手で育てられた。成長して牛馬の売買・仲介をする「馬喰《ばくろう》渡世《とせい》」の身となり、さまざまな女性と関係を結んだ。そしていまでは乞食に身を落とし、視力を失い、橋の下に住んでいるのだという。

「『おかたさまおかたさま、あんたのように牛を大事にする人は見たことがありません。どだい尻をなめてもええほどきれいにしておられる』というたら、それこそおかしそうに『あんなことといいなさる。どんなにきれいにしても尻がなめられようか』といいなさる。『なめますで、なめますで、牛どうしでもなめますで。すきな女のお尻ならわたしでもなめますで』いうたら、おかたさまはまっかになってあんた向こうをむきなさった」

孤児同然で幼いときに奉公へ出、そのまま馬喰になった男は、「わしは八十年何にもしておらん。人をだますことと、おなご（女）をかまう事ですぎてしまうた」というように、特別な事件や事故にも遭遇せず、貧しいままに時を過ごしてきた。失明してからは妻と暮らし、人からものをめぐんでもらう生活を続けている。

今では目の見えない乞食として橋の下で暮らしている。そんな男が自慢できるのは、身分の高い職業・階層の人の妻たちとの性交渉にまつわる話だった。

「女ちうもんは気の毒なもんじゃ。女は男の気持になっていたわってくれるが、男は女の気持になってかわいがる者がめったにないけえのう。とにかく女だけはいたわってあげなされ。かけた情は忘れるもんじゃァない」

宮本はなぜ、歴史や社会の外側にいるような人物から話を聞き、「土佐源氏」の人生を文章にして残そうとしたのか。歴史学では歴史の発展に関与したり、事件や事故の当事者でもなければ記録に残されたりするようなことはない。民俗誌でも民間伝承・民間信仰、あるいは民俗的な技術の継承者の語りが採話のおもな対象だ。

それでは、橋の下の盲目の乞食の自分語りは無意味なものなのだろうか。「土佐源氏」は馬喰という移動を生業《なりわい》とする人の生活史である。遍歴者、漂泊民、社会の周縁にいる人びとも宮本民俗学の対象であり、また主体でもある。宮本は「土佐源氏」をとおして、民俗学の「私たち」にはこうした人びとも含まれることを具体的に示している。

ところで「土佐源氏」は、『日本残酷物語』の第一部『貧しき人々のむれ』に収録された「土佐檮原の乞食」に改稿をほどこしたもので、また宮本が執筆したと思われるポルノグラフィーそのものというべき別ヴァージョンもある。また、この話が聞き書きそのままではなく、話者である乞食の人物像やライフストーリーに宮本の「創作」がもりこまれていることが指摘されている。では事実と異なる叙述は否定されるべきなのだろうか。『忘れられた日本人』に登場する人びとは、無名でも、固有名詞をもっていても、「民話」というフィルターをとおしているためか、どこかで象徴性をおびている。宮本はリアルな事実に則して、歴史から取りこぼされた経験と記憶を刻印しようとしたのではないかと、私は考えるのだ。

座談から浮かび上がる「相互扶助」

「名倉談義」は奥三河の山間の名倉村（現・愛知県北設楽郡設楽町）で、宮本が座談会を企画し、四人の村人（七〇歳以上の男性三人、女性一人）がそこで語った話をまとめたものである。つまり、民俗学者という外側から来たものが介在することで、これまでお互いには話したことのない事実や感情が交差していくのである。

参加者のひとりである金田金平は、「重一さ」の家の前にある田で、夜遅くまでよく仕事をした。女性の参加者である小笠原シウは、それは重一の親が、金平が仕事をしているので、表の間の明かりが届くように、戸を立ててはいけない、と家族に言っていたせいだと明かす。金平はそれを知らずにいたのだが、いつまでも火がついていたのでその明かりで遅くまで仕事ができてありがたかったというふうに感謝する――。ここに見られるのは一種の共同体の「相互扶助」である。宮本の民俗学に通底する相互扶助の思想については次章で述べる。いずれにしても、「名倉談義」は、村落共同体における人びとの生活が、こうした共同性によって支えられていることを明らかにするのだ。

「世間師」の役割

宮本常一の民俗学で特徴的な言葉に「世間」がある。世間は一般的に、「世間様」「世間の風」というように共同体の外側にある社会、あるいは人びとの行動を制約する無形の規範のこととしても理解される。人が生活し、構成する「人の世」、人びととの交わり、「世の中」、「世界」を指す言葉になった。そこから「世間」は「世間体」という言葉で表わされる「しがらみ」のもととなる境域として使われることが一般的になる。

しかし、宮本が「世間」という言葉を使う場合、右のような意味とは異なり、独自の意味をこめる。共同体の共同性のしがらみといった否定的、消極的な意味だけではなく、「世間」を肯定的、積極的に用いている。「世間師」は共同体の外側にあり、多様な価値で成立している「世間」を渡り歩く存在だ。共同体の外側にある価値、文化や産業や生活といったものを見て歩き、そうした価値を自らの共同体に刺激として持ち帰る。共同体の漸進的な発展は、世間師によってもたらされてきたのである。

『忘れられた日本人』の「世間師（一）」で描かれる河内国高向《たこう》村滝畑（現・大阪府河内長野市滝畑）に住んでいた左近熊太翁は、そんな世間師のひとりだった。

翁が住む滝畑は地租改正のとき野山が官有林になっていた。翁は字をならい、そのため法律がわかり、官有林の払い下げの際に役立った。翁は村外からのさまざまな新しい刺激に対し、その渉外方を引きうけた。そして五六歳になってから各地を旅し、七〇歳をすぎると隠居屋に引きこもるようになった。翁は生きていくうえで必要な知識を、そのときどきで身につけている。しかし世間を見てきた知識は、共同体がそれを最も必要とするころには、翁は老いて村人の第一線に立てなくなっていた。「わしも一生何をしたことやらわかりまへん」。また翁が財をなさなかったように村もまた富みはしなかった。

熊太翁の一生を顧みると、時代に対する敏感なものをもち、世の動きに対応して生きようと努力した。それとともにこのような時代対応や努力は翁だけでなく、村人にも見られた。それにもかかわらず、その努力の大半が埋没しているのである。宮本によると、明治時代から大正、昭和の前半にいたるまで、どの村にもこのような世間師が少なからずいた。そして、政府や学校の指導によってではなく、世間師が村を新しくしていくためのささやかな方向づけをした。つまり世間師の営為によって、村は世の中の動きについていけたともいえる。こうしたことから過去の村々における世間師の姿は掘りおこされてよいと宮本は考えるのだ。

宮本常一の父・善十郎も世間師のひとりだといってよい。善十郎は若くして村の綿屋に奉公に出る。外国綿が入ると綿打ちの商売をはじめ、その後は塩の行商、染物屋への奉公などを経験した。日清戦争がはじまると、フィジー諸島での甘藷栽培の人夫に応募し南洋に向かったが、現地で風土病にかかって帰国。その後は養蚕技術を島の村人にも勧め、さらに果樹栽培を島に普及させた。

宮本が描き出す世間師像から見えてくるのは、「世間」が複数性をおびた領域だということである。「世間師」が映し出すのは、共同体を出て見聞を広め、「世間」の知識を共同体にもたらすこと、「公共性」への道を開くことだった。いっぽうで「世間師」は共同体にただちに発展、進歩をもたらすとはかぎらない。宮本民俗学、また日本の民俗社会における共同体から公共性への架橋については、最も重要な問題のひとつなのである。

宮本常一の経歴

こうした世間師を父にもち、世間師が果たした役割に着目し、自身も世間師だった宮本常一はどのような人物だったのか。

一九〇七年（明治四〇）に山口県大島郡家室西方村《かむろにしがた》（現・大島郡周防大島町）に生まれ、一五歳のとき大阪に出て、逓信講習所で学んで郵便局員になる。郵便局勤めのかたわら、大阪府立天王寺師範学校（大阪教育大学の前身）の第二部と専攻科で学び、大阪府下の小学校、奈良県立郡山中学校教員を歴任。一九三九年（昭和一四）に渋沢敬三の主宰するアチック・ミューゼアム（現・神奈川大学日本常民文化研究所）の研究所員となり、全国各地の民俗調査をおこなった。その調査研究は社会・経済・文化各領域にわたり、独特の民俗学を確立するとともに民具学を提唱した。また、各地で農業および生活改善にかかわる教育指導を実践し、全国離島振興協議会、林業金融調査会、日本観光文化研究所等の設立運営に尽力した。アカデミズムにおいては「瀬戸内海島嶼の開発とその社会形成」で一九六一年に博士号を取得し、一九六五年から武蔵野美術大学教授を務めた。著作物は数多く『忘れられた日本人』をはじめとする主要なものは未來社の著作集に収められている。また平凡社刊のシリーズ『風土記日本』と『日本残酷物語』の編集にも深くかかわった。

「民俗誌」から「生活誌」へ

晩年に記した自伝的著作『民俗学の旅』（一九七八年）のなかで、宮本は『民俗学への道』が発表された一九五五年（昭和三〇）ごろから、民俗学という学問に一つの疑問をもちはじめていたと述べている。

日常生活のなかから民俗的な事象をひき出し、整理してならべることで民俗誌は事足りるのか。日々営まれている生活を詳細に調査し、検討するべきではないか。民俗誌ではなく、生活誌の方がもっととりあげられるべきであり、また生活を向上させる梃子《てこ》になった技術についてはもっときめこまかにこれを構造的に捉えてみることが大切ではないかと考えるようになったという。

『民俗学への道』の総論にあたる「日本民俗学の目的と方法」は、宮本にとっては珍しい学術史的な論稿で、日本の民俗学史を整理し、自身の立場を明確にしようという試みである。民俗民芸双書（岩崎書店）の一冊『民俗学への道』で提示され、一九六八年に宮本常一著作集で増補された。この論稿は、柳田国男・折口信夫・和歌森太郎など民俗学・歴史学における先行する学者たちの見解を受け継いで民俗学を概説するというかたちをとりながら、実地調査に立っている立場からの先学に対する疑問、あるいは独自な見解がみられる。

これまでの民俗学は民俗的事象の系統的な発展のあとをたどることには成功してきたが、それらがある一つの時期に、どのように組み合わされて生活のなかに存在したかという掘り下げにまでは手が届かなかったのではないか。宮本は、民俗採集の仕事は「生きた生活」を捉えることにあり、客観的なデータを整理・分析するそれまでの「民俗誌」に、実感を通して人の生活そのものを観察し、総合的に捉える「生活誌」を対置したのだった。

生活史の束を編む

「名倉談義」の座談会で、共同体の相互扶助が明らかになるのは、宮本が座談会を仕組んだことによってである。「土佐源氏」でも盲目の乞食の前に聞き手である宮本がいることが重要で、その点に注意するべきだ。この民話の読者は、「土佐源氏」の姿と彼が語る豊かな記憶映像とともに、宮本の姿を思い浮かべる必要がある。

たとえば「土佐源氏」では橋の下に住む男が、「あんたはどこかな？　はァ長州か」、「時にあんたは何が商売じゃ？　百姓じゃといいなさるか」といい、相手が周防大島出身の百姓だからこそ、自分語りをしたように思われる。だから一見モノローグに見える「土佐源氏」は客観的調査にもとづく「民俗誌」とは異なっている。

「土佐源氏」ではさらに、老人は「あんたもよっぽど酔狂者じゃ。乞食の話を聞きに来るとはのう」、「わしはあんたのような物好きにあうのははじめてじゃ」と宮本にこたえる。また「梶田富五郎翁」でも宮本と翁のあいだに、「わしも久賀の東の西方《にしがた》の者でのう、なつかしうてたずねて来たんじゃが」、「へえ、西方かいのう、へえ、ようここまで来んさったのう……はァわしも久しう久賀へもいんで見んが、久賀もずいぶん変んさっつろのう」という応答がみられる。つまり、ここでは宮本常一という背景をもった一個人が聞き手であることが叙述の鍵になっているのだ。これは聞き手によるアイデンティティの表明にほかならない。

民俗学はもともと、ほかの学問領域と比較しても、「私」から「私たち」を導いていく点で際立っている。なかでも宮本民俗学の私性の濃さ、強さは、「忘れられた」人びと側に立つ宮本にとって必然的な叙述の仕方だったのだ。

第2章　「庶民」の発見

釣り糸を変えると豊かになる

後年、民俗学者として名を馳せる谷川健一が平凡社の編集者だった時代、宮本常一の民俗学に目を開かされることになったきっかけは、『海をひらいた人びと』（一九五五年）に収められた「一本づり」の歴史叙述を読んだことだった。

蚕糸からつくられていたテグスは薬の包みをしばる糸として用いられていたが、阿波国堂浦《どうのうら》（現・徳島県鳴門市瀬戸町）の漁師が、釣り糸として中国から買い入れるようになり、船に乗って売り歩いた。一本釣りの村ならテグスはどこでも喜ばれ、瀬戸内海のいたるところの漁村で使われた。日本から中国に大量に注文することとなり、大阪にテグスの問屋がたくさんできた。堂浦の人たちは、テグスを売り歩くのと一緒に、一本釣りの釣り方も教えて歩いた。するとどこでもたくさん魚が釣れるようになり、魚は大阪・高松・広島・松山などの町へ生魚船（鮮魚運送用の小船）で運ばれ、町の人たちが新鮮な魚を食べることができるようになった。それとともに瀬戸内海のいたるところに一本釣りの村がたくさんできた――。

谷川が一読して驚嘆したように、こうした歴史叙述の方法はそれまでの民俗学、柳田国男が開き、折口信夫をはじめとした民俗学者に継承されていた民俗学とは異質なものである。

柳田の『郷土生活の研究法』（一九三五年）における民俗資料の分類では、第一部「有形文化」、第二部「言語芸術」、第三部「心意現象」だった。しかし、柳田と折口が言葉による伝承や、そこに反映されている信仰、「心」や「魂」に対する関心が高かったため、日本民俗学は、第二部「言語芸術」、第三部「心意現象」の採集と分析には積極的で、第一部「有形文化」を追究することは少なかった。また民俗学が「伝承」という用語を使う際には、言語芸術、心意現象の伝承に意識が向けられた。

宮本が「私たち」の過去の生活を知るためのよりどころにしたのは、民俗伝承・民間伝承よりも、民俗技術・民間技術というべきものだった。民俗学は口頭や行為による民俗伝承を対象とするばかりでなく、その行為の生み出した文化、さらにはその生み出した文化によって規制を受けることになるものも対象とするべきで、それらも広い意味での民俗伝承というべきである。そうしたなかにあって、宮本は民具の研究をとくに推し進め、「民具学」を提唱するようになる。このような観点から、宮本民俗学をその特徴から定義づけるとき、「技術の民俗学」ということもできる。さらには、生産業を中心に物流や輸送を含めた「産業の民俗学」という側面をもった著作も少なくない。しかし宮本による技術の民俗学、産業の民俗学は、革新・進展だけを描き出したものではなかった。技術の開発には失敗も少なくないこと、新しい産業は一朝一夕で生まれるものではないこと、そうした試行錯誤の歴史が、共同体の歴史、村里の歴史であったことを宮本はよく知り、それについて描いておかなければと考えたのである。

「庶民」不在の歴史

宮本は一九五七年（昭和三二）に「庶民のわたしが、庶民の立場から、庶民の歴史を書いてみたい」と構想を述べている（『風土記日本』第二巻『中国・四国篇』月報「庶民の風土記を」）。また、近年の「歴史」叙述において、庶民はいつも支配者から搾取され、貧困で惨めで、反抗をくりかえしているように力説されていることに疑問を感じていたという。

「孜々営々《しし》として働き、その爪跡は文字にのこさなくても、集落に、耕地に、港に、樹木に、道に、そのほかあらゆるものにきざみつけられている」

村人の大半はつつましく健全に暮らしを歩んでいる。そういう人びとが農民の大半だとすると、その人たちの生きてきた姿を明らかにしておくべきではないか。その人びとは戦争が嫌いで、仕事の虫のように働き、貧乏ではあったが、生き抜く力をもち、隣人を信じ、人の邪魔をしてこなかった。一般大衆は声を立てたがらないからといって、彼らが平穏無事だったわけではなかった。宮本民俗学の重要な仕事は、こうした歴史を残しておくことだった。

「郷土研究」としての民俗学

宮本は、「日本民俗学の目的と方法」（一九六八年著作集版）で柳田国男以来の民俗学は「郷土人の意識感覚」をとおして物を見ることだったと総括的に叙述する。こうした総括は、柳田が民俗学をその初期に「郷土研究」と捉えていたことから導き出される。

「（郷土研究というのは）郷土を研究しようとしたのでなく、郷土であるものを研究しようとしていたのであった。その『あるもの』とは何であるかと言えば、日本人の生活、ことにこの民族の一団としての過去の経歴であった。それを各自の郷土において、もしくは郷土人の意識感覚を透《とお》して、新たに学び識《し》ろうとするのが我々どもの計画であった」（柳田国男『国史と民俗学』）

それでは「郷土人の意識感覚」とはどういうものなのか。民衆（常民）の生活を知るためには民衆と同じ立場に立たなければならない、同じ立場に立つことによってのみ、その真意をつかみ得るというものである。柳田がこのような発想と発言をしたことには、深い意味があったと宮本は考える。これまでの支配者、とくに武士階級には、文字を解しない農民や漁民は、人倫もわきまえていない「愚昧《ぐまい》の民」として映っていた。そして現在世に出ている歴史書の多くも、支配者たちの記録文献にもとづいて書かれたもので、民衆はほんの一隅に現われてくるにすぎない。

戦後になって、庶民史料の蒐集研究が進み、民衆の歴史も明らかにされてきたが、その歴史の多くは支配者への抵抗のかたちで捉えられている。農民や漁民が貧しい生活を余儀なくされた姿が、そこに記録された農民の訴えや、数字のなかから読み取れるからである。しかしそれだけでは、農民・漁民が生きていくための日々の「生活感情」を明らかにすることはできない。農民・漁民の生活のなかに入りこみ、同じような感覚をもち、その生活を一度は肯定してみないとわかってこないのだ。

民衆は支配者から搾りとられる生活を続けながら、絶望していたわけでも、暗く卑屈に生きてきたわけでもない。互いにいたわりあい、自分たちの世界を形づくる、相互扶助による共同体と個人の持続的な営みだった。そういう民衆の生活はそのなかへ入ってみなければわからない。柳田が「郷土であるものを」といったのは、正しくは「郷土人の感覚であるものを」ということである。そしてそのことによってだけ、民衆の生活を明らかにすることができるのではないかと宮本は考えたのだった。

宮本による日本民俗学史のまとめをひきつづき見ていくことにする。

民俗学は「郷土人の意識感覚」で「郷土人の生活文化」を見ていく学問であり方法だった。この郷土人は「民衆」といってもよく、生活文化はいわゆる「フォーク・カルチュア（＝民俗文化）」のことである。そして「民俗文化」とは基本的に文字を媒介にせず、言語や行為などを通じて伝承されていく文化である。

明治以前の日本では、農民も、漁民も、山民も、日々を生きていくうえで文字はほとんど必要なかった。民俗学が対象とするこうした人びとの世界を「無字社会」と呼ぶことができる。それに対して貴族、武士、僧侶たちの社会は「有字社会」といえる。民俗学は文字以外のものによる伝承を文字化することからはじまる。それにはまず無字社会のことを、文字を通さずに理解できる感覚をもたなければならない。

文字のない社会は現代日本では存在しなくなっているが、それだけに文字なき社会を探ることは困難になっている。しかし、私たちの日常生活のなかには、多くの慣習（文字を媒介としない文化）の伝承が見られ、それを見ていくことが一つの手がかりになる。

現在、民俗文化といわれるものは文字をもたないものが伝承しているのではなく、文字をもったものが伝承しているが、それは「民俗の伝承」ではあっても、「民俗的伝承」、「無字社会的伝承」ではなくなりつつある。「民俗的伝承」は、集団の記憶とくりかえしによって伝承がなされていかなければならないが、「民俗の伝承」は一人でもできるし、文字によって記録することもできる。そして現在では「民俗的伝承」による民俗文化はもう何ほども残っておらず、少数の人びとによって民俗事象についての伝承や記録がなされている。無字社会のあらゆる事象を文字にしていくこと、そして生活と文化がどういうものであったかを明らかにすることは新しい学問の事業であり、これまで歴史学者が手をつけられなかったことである。そのためには、時間的系列のうえに記録をならべて考えていくやり方とは別の方法がとられなければならない。目的はどこまでも無字社会の生活と文化の究明であり、それには現在残存している資料の調査記述を中心にして、過去へと遡《さかのぼ》っていく以外に基本的な方法はない。そうしなければ民衆生活の過去と現在を浮き彫りにすることはできないからだ。

また、なんでもない動作のなかに「深い心のかげり」を見ることも多い。言語化されえないこうした感情の表出が、村人を見ていくうえで重要な手がかりになることが少なくない。しかも彼らの動作や技術は、日常生活と切り離して見るのではなく、日常生活のなかで見ていくことによって理解できるというのだ。

宮本がここで使った「深い心のかげり」という言葉は注目してもよい。柳田民俗学における「心」と、宮本民俗学における「もの」が対置されるが、宮本はこうした「深い心のかげり」を、さまざまな著作のなかに潜ませているのである。

「ふるさと」という起点

宮本は『民俗学の旅』の「私にとってのふるさと」という章で、「郷里」「ふるさと」を起点としてさまざまなものを見、さまざまなことを考えるという態度や姿勢について述べている。郷里から広い世界を見る。動く世界を見る。いろいろな問題を考える。自分のような生まれ育ちをしてきたものにとっては、それ以外に納得のいく物の見方はできない。足が地についていないと物の見方、考え方に定まるところがないと宮本はいうのだ。

「ふるさと」は宮本に物の見方、考え方、そして行動の仕方を教えてくれた。自分を育てた、自分の深くかかわりあっている世界を、きめこまかに見ることにより、さまざまな未解決の問題を見つけ、それを拡大して考えることもできるようになる。ふるさとをもったことにより、自分のような人間も育ってきたのだという。宮本にとってふるさとは、アイデンティティの根拠であり、学問、方法、実践の起点でもあるのだ。

農民文学と民俗

宮本は、日本の農村社会を近代文学にもちこんだ作家・小山勝清が書いた作品を、少年雑誌で読んで感銘を受けたことがあるという。

小山は一八九六年（明治二九）に熊本県球磨《くま》郡四浦《ようら》村晴山《はるやま》（現・熊本県球磨郡相良村）で生まれ、中学卒業後上京、堺利彦の門下生となり社会主義運動を志したが、のち帰郷して農村生活に興味をもつ。再度上京して柳田国男に師事して民俗学を学び、一九二五年（大正一四）『或村の近世史』を刊行。戦前は『少年倶楽部』に連載した「彦一頓智ばなし」で名声を博し、戦後の作品では『それからの武蔵』が広く知られる。

宮本が読んだのは球磨地方の山中の生活を小説風に書いた作品で、作品名は覚えていないがつぎのようなあらすじだったという。

村人たちが少し頭のよくない乞食の女を、罵ったり石を投げたりしていじめていた。大家の息子がそれをみかねてたしなめると、村人たちは乞食の女をいじめなくなった。大家の息子がよいことをしたと思っていると、女が来て、「村人がからかわなくなると同時になにも食べものをくれなくなった、私は途方にくれています」と訴えた。

いじめたり、からかったりするのは関心をもっているということであり、だから食物も与える。からかわないことは無視すること、度外視することで、虐げていると見えるもののなかに連帯意識がある。この話は宮本の心を強く打った。群をなして生きるということは、それ自体が相互扶助を本能的に必要としている。こうした認識は宮本の生涯に一貫したもので、その契機になったのは一冊の書物を読んだことだという。その書物は、ロシアの地理学者でアナーキストのピョートル・クロポトキンが書き大杉栄が訳した『相互扶助論』（一九一七年）だった。

『相互扶助論』からの影響

一九六四年（昭和三九）に書評紙に掲載された『相互扶助論』の宮本による書評（「図書新聞」、同年九月一九日号）で、宮本は生物のあらゆるものが生きていくためには群をなし、その群の中で個々が連携し助けあうことによって共同体（共産）を形成してきたことについて示唆を受けたという。この書物を読んで以来、四〇年近い年月を、この著者のような態度で物を見、事の真実を追究してきていたとまでいうのだ。

多くの進化論者によって、生物の進化の主たる要因は同一種に属する生物間の生存のための激烈な闘争によるものであると論じられてきた。これに対してクロポトキンは、自身の眼で見た動物生活の相互扶助と相互支持の事実が、生命維持や種の保存、将来の変化のための最も重大な点ではないかと考えた。

世の中の生きとし生けるものはすべて生存競争にさらされ、弱肉強食だという考え方が宮本の幼少年時代の世間にはまだ強い風潮として存在していた。そして立身出世主義が若い人びとを駆り立てていた。ところが『相互扶助論』では、その弱肉が力をあわせつつ強者に対抗して生きぬいている姿がきわめて印象的に描かれている。宮本は自身も弱肉のひとりだっただけに、そのような現象は私たちの周囲にも無数にあるのではないか、下層民の社会のすべてがそうした互助的な結合によって生活を支えているのではないかと考えたのだった。

クロポトキンは相互扶助を必然的なものと見ながらも、ユートピア化している。しかし、現実の世界のなかに、自分たちが理想とする社会の萌芽や法則的なものを見出し、それを育て、全体的なものにしていこうとする建設的意欲が『相互扶助論』には見られる。現状に対する批判だけにとどまることなく、社会の前進を願うものにとって、この書物は生きることを正当化し勇気づけるための意欲をもたせるすぐれたものだと宮本は評価した。

宮本は同じころ『相互扶助論』のほかに、やはり大杉栄が訳したクロポトキンの自叙伝『一革命家の思い出』にも深い感銘をおぼえ、同じく大杉訳によるジャン゠アンリ・ファーブルの『昆虫記』第一巻では、昆虫のもつ本能のすばらしさに驚くとともに、その昆虫を観察しつづけたファーブルの追求力に実に多くのことを教えられたという。

「残酷」という感情

一九六〇年（昭和三五）一月二九日、『日本残酷物語』創刊を機に、美術家の岡本太郎、作家の深沢七郎、そして宮本常一の三人による座談会がおこなわれている。この座談会のようすは、同年三月刊の雑誌『民話』第一八号に、「残酷ということ――『日本残酷物語』を中心に」と題して掲載される。この座談会で口火を切ったのは、デビュー作『楢山節考』で時代の寵児となっていた深沢七郎だった。小説『楢山節考』は一九五六年に第一回中央公論新人賞を受賞し、翌年二月には同名の作品集が刊行された。戦後の日本人が近代以前の因習として目を背けてきた棄老の風習、ある年齢に達した老人を山に捨てにいくという習俗を文学化して大きな話題を巻きおこしたのである。

「残酷、残酷というけれど、このごろのはやりことばのようにぼくは感じますね。何かいままでぼくは、ウバ捨てを残酷だとは思わなかったですけれど、あれが小説に出てから、残酷といわれて、『そうかなあ、残酷かなあ』と思いましたね。――残酷だったんだなあと――あとで自分でみとめますけれどね」

宮本は、深沢が『日本残酷物語』を読んで、「残酷とは感じなかった」といったことに対してつぎのように応じている。

「東北の方へまいりますと、人が死んだりなんかしましょう、その時のアイサツに、『残酷でござんした』とか、『残酷でございました』とかいうように、いい、つかっているんです。例えば、『おきのどくでございました』というようなのと同じような意味ですね。（中略）それがどういう意味で使われているかというと、自分の意志ではないのにそうなっていったというような場合に使っているんです。そしてわたしはそのことばには非常に愛着を持っているんです」

座談会で岡本太郎は、「美しい」という形容をくりかえし用いているのだが、その芸術家らしい美意識と楽観性に対して、宮本は異議を唱える。調査にやってきた民俗学者にたいして、「お前はそういっておるけれども、どうだかね」とはぐらかし視線をそらす、「暗い顔」をした人びとが、東北地方にはいたというのだ。宮本は、『日本残酷物語』には、こういった民衆を数多く登場させていると言おうとしている。ここにもまさに「深い心のかげり」が影を落としているのだ。

「単層文化」と「重層文化」

宮本によると、農耕社会ではなぜ多くの民俗行事を必要としたか、民俗行事の意味は何であったかも重要な問題である。年中行事も詳細に見ると、生を守り、種を永続させるための神への祈りの行事の連続である。「住」も「衣」も、親族組織・社会組織も、みな生につながるものである。

地方によってはある種の行事がきわめて丁寧におこなわれているのに対し、ほかの行事は多くなく、あるいは詳しく伝わっていないところもある。だが財の蓄積が進んだところでは行事の量も比較的多く、ひとつひとつの行事は簡略になっていても、全体としてはからみあっていることもある。宮本は前者のような文化のあり方を「単層文化」、後者のような文化のあり方を「重層文化」と呼び、文化が層をなしていることが、よく進んだ社会といえる。

単層文化の地帯では文化が長い間停滞しており、重層地帯では多くの刺激をほかから受けることができた変遷や様相を知ることができるのではないか。そして飢餓から遠ざかることによって文化が複合し、重層していく姿のなかに文化のもつ意義も明らかにされていくことだろう。

民衆社会を凝集し動かしてきた、民衆社会自体の目的・エネルギー・価値観・手段などから、歴史的に明らかなもの、あるいは有字社会からもちこまれたもの、大陸からもたらされたものを捨象していくと、そこにそれ以前の習俗が残ってくるように想像されるが、それだけで人は生きてきたのではない。さらに多くの滅びた習俗がそこに存在していたにちがいなく、それらは集落を類型的に見ていく過程のなかで出てくる。それを明らかにするためには地区の精密な調査がおこなわれ、そういうモノグラフが数多く作られることが望まれる。

「モノグラフ」、民俗誌や生活誌の必要性とは、宮本が成し遂げようとしている「生活史としての民俗学」にとって、これらが欠かせないものであることをいっているのだ。

第3章　「世間」という公共

「世間」の重層性と複数性

この章では宮本民俗学の重要な用語、独特な用い方をされている概念である「世間」について考察したい。

「世間」はもともと仏教用語で、世の絶えざる転変、破壊のさまをいう。またサンスクリットでは出家して僧になるのではなく、俗界にいることを指す。こうした原義から派生した形で、人が生活し、構成する「人の世」、人びととの交わり、「世の中」や「世界」を指す言葉になった。

歴史学者の阿部謹也によると、古来日本にあるのは「世」や「世間」であり、「社会」は明治以降に輸入された概念だった。日本における共同体や人間関係を表わしているのは「世間」で、西欧の「個人」を前提とした「社会」ではない。そこでは本来仏教用語だった「世間」が、次第に集団としての文化的圧力をもちはじめたと指摘した（『「世間」とは何か』）。

いっぽうで宮本の「世間」は、阿部が否定的に捉えた「世間」とは位相を異にする。宮本の「世間」は一枚岩ではなく、いくつもの「世間」がおりかさなっているのだ。こうした「世間」は層、階層、層をなすなどの意味をもつ「レイヤー」によって構成され、成立している。

また一人の人間は、複数の「世間」に属している。そこでは「世間」ごとに違った自分、複数の属性を使い分けているのだ。こうした個人と世間の関係は、作家の平野啓一郎が提示した「分人（dividual）」概念と似ているのではないか。「個人」は、分割することのできない一人の人間で、その中心にはただ一つの「本当の自分」が存在する。そうした「個人」がさまざまな仮面（ペルソナ）を使い分けて、社会生活を営んでいる。これに対し「分人」は、対人関係ごと、環境ごとに分化した、異なる人格で、「本当の自分」を中心に一つだけ認めるのではなく、複数の人格すべてを「本当の自分」だと捉えるものである。

宮本民俗学における「世間」を担保するものとして、年齢階梯《かいてい》制を挙げることができる。この制度は、一定範囲の年齢に属する集団が階梯をなして年中行事や祭礼等で重要な役割を果たしてきたことをいい、子供組、若者組、娘組等がそれに相当する。社会の構成員がいくつかの年齢段階に区分され、各段階で特定の役割を担う社会組織を指す。西日本から太平洋岸の伊豆あたりまでの主として海岸地方にかなり濃厚に分布し、若衆・中老・年寄と至る階梯制がみられる。つまり縦のつながりとは別に、年齢によって区切られた横の結びつきが、共同体において重要視されてきたということだ。

常民・平民・庶民

竹内利美によると、柳田国男が「平民」「庶民」とは別に「常民」という言葉を用いはじめたのは、明治末から大正初年にかけて発表した山民（イタカ、サンカ、マタギ、山人）関係の論考からで、この時期は「平民」「庶民」と併用していた。柳田は一般民衆とは異質の生活伝統をもつ人びとと区別するため、「常民」を用いたらしい。しかし昭和初年以後の論考に頻出する「常民」は、「平民」「庶民」と同義に近く、上層為政者と対置されている。第二次世界大戦後になると、日本人として伝統的生活様式を共有する人びと、日本の基層的伝統文化を共有する国民層の総体として「常民」を規定する考え方に移行していったようである。

柳田とは別に、渋沢敬三は「アチック・ミューゼアム」を「日本常民文化研究所」と一九四二年（昭和一七）に改称するにあたり、「庶民」や「衆庶」などを避け、貴族・武家・僧侶などを除き、また農山漁村だけでなく市街地に住む農工商人等一般を含むものとして、「コモンピープル」の意味で「常民」を使い始めた（『日本大百科全書』）。しかし、宮本は、通例の階層区分概念を避ける意味でつくられた抽象概念ともいうべき「常民」を好まず、「民衆」や「庶民」を用いたのだった。

「移動」からみた列島文化

日本人は稲作に携わってきた人口が、統計的にも多数を占めたことから、移動が少なかったようにみられがちである。しかし、宮本が記録した庶民は、移動する人びとが目立つ。それは、宮本の故郷である周防大島が、国内外を移動してきた人びとが多い島だったからである。そうした移動者の一端は、『忘れられた日本人』のなかにも描き出されている。

一九五〇年（昭和二五）、学術調査団の一員として対馬を訪れた宮本は、島の南端、豆酘《つっ》の浅藻《あざも》（現・長崎県対馬市厳原町）に、周防大島久賀の出身で、この村の開拓者である老人が生き残っていることを聞き、その人、梶田富五郎を訪ねた（「梶田富五郎翁」『忘れられた日本人』）。三歳の時両親に死なれた富五郎は、叔母の知り合いの家に引き取られ、七歳のとき「メシモライ」になった。「メシモライ」は親を亡くした子どもを漁船に乗せ、漁を手伝わせながら漁師に育てる慣行で、相互扶助による救済制度だった。

対馬の海は魚で埋まっているという噂を聞いた久賀の漁師は、富五郎を乗せて博多や壱岐をまわって一八七六年（明治九）に対馬に着いた。沖で転覆した豆酘の船を救助したことにより浅藻へ住むことが許され、土地を開いて納屋を建てた。潮の満ち引きを利用し、海底の石を沖に運び港を開いた。当時、周防大島からハワイへの出稼ぎがさかんだった。ハワイでは日当五〇銭、久賀では一三銭だったが、富五郎はここで漁師として一生暮らすと決める。漁場は豊かで、獲った魚は厳原の問屋に売り、米、味噌、煙草などを仕入れた。親兄弟を呼び寄せた人もいたため村は発展し、一八九七年ごろには一〇〇戸になった。

現在の日本では、国外からの移民・難民の受け入れが大きな課題になっている。こうした問題を考えるときに、私たちのうちの多くの人びとも、各地を移動してきたことに思いをめぐらせる必要があると思う。

境を越える旅人

宮崎県の佐土原《さどわら》にあった安宮寺という寺院の住職だった野田泉光院《のだせんこういん》（成亮《しげすけ》）が江戸時代の後期に、修験道にとって重要な霊山を巡った『日本九峰修行日記』という記録を残している。宮本が書いた双書「旅人たちの歴史」の第一巻『野田泉光院』は、六年二ヵ月に及ぶその旅日記を読み解いたもので、ここにも移動する日本人の姿が鮮やかに描かれている。

この旅の途上で泉光院は、佐土原、また佐土原近くから来た一三人の人物に会っている。南九州の家が二〇〇〇軒あるかないかの小さな町から東北地方まで歩くと、同じ時期にそれくらいの人が散らばっている。泉光院が会った人だけでそれぐらいだから、もっと多くの人が他の地方に散らばっていたと想像できる。また、泉光院が山形で世話になった家に、やはり以前に滞在していた泉光院の知人が郷里の日向へ帰り、送った礼状が山形に届いている。おそらくそれは、北の方に行く人に託した手紙が、手渡しを繰り返して届いたものだろう。宮本は、こうした人びとの移動や荷物の流通が可能だったのは、民衆のなかに国の境、藩の境を越えて共通した意識があったということなのではないかと指摘する。そしてそれによって、私たちは文化を吸収し、それを自分のものにしていったのではないかと考えるのだった。

流浪する人びと

宮本常一は、宮城県で耳にした天保の大飢饉の伝承を『菅江真澄』(一九八〇年)などに書きとめている。

現在の青森県のあたりの人がまず生活に困り、南へ移動していった。盛岡付近まで来ると先には行けなくなり、そこへ落ち着く。その地域の人びとも食べることができないので、南へ、南へと移動し、南部藩から仙台藩へ入っていった。すると仙台藩の人びともまた南へ移動していた。家も何もそのまま残っているのでその中に入って住む。空っぽの中へ順に入っていく、そういう移動がみられた。自分の藩では食えないから隣の藩へ逃げていく。隣の藩の人たちもその隣へ逃げていく。そのような状態が繰り返されていたとみられる。宮本はこういった現象を「宿借り（ヤドカリ）」のようだと表現した。難民は最終的に、関東平野へなだれを打って流入する。しかし関東の人びとは移動していないので住み着く家がなく、彼らは「乞食」にならざるをえない。若者たちは下男になり、どこかの町や村へ入りこみ、暮らしを立てたのが実状だったようである。

前近代の社会では、為政者による過酷な政策が、飢饉をさらに激しくした。直接生産者に対する租税の収奪が厳しく、交通手段も未発達で、遠隔地への物資の輸送も困難だったことから、凶作に襲われると食糧不足を招き、飢饉を発生させることとなった。また藩主らの利害対立による食糧の輸送禁止が、飢饉をさらに激化させた。飢饉は人災の側面も大きく、移動せざるをえなかった人びとは為政者の政策の被害者だったのだ。

農村指導者としての活動と離島振興法への関与

宮本は太平洋戦争以前、渋沢敬三から支援を得て、アチック・ミューゼアムの一員として列島各地を調査した。戦前の調査研究の成果物は、宮本の仕事全体からみてそれほど多くはない（戦災でノートを焼失）が、調査者としての能力と仕事量を知られていたことから、戦中・戦後にかけて大阪府農務部・農地部、新自治協会から委託を受けて、農業指導の役割を担った。大阪府下では農村を調査し、食料政策、農業技術の普及、農村経営の近代化を指導した。

新潟県佐渡では佐渡国小木民俗博物館の設立や「おけさ柿（八珍柿《はっちん》）」の栽培奨励、創作和太鼓「鬼太鼓座《おんでこざ》」創設への協力、新潟県山古志村（現・長岡市）では錦鯉の養殖や「牛の角突き」（闘牛）の復興による活性化、山口県光市では猿回しの復活などに尽力している。

宮本民俗学の実践への接続で最も大きな結果は離島振興法の成立に寄与したことだろう。宮本は一九五二年から離島振興法の制定に奔走するようになり、翌五三年には全国離島振興協議会の幹事長に就任、協議会の機関紙として『しま』を創刊している。そして同じ年の七月二二日に離島振興法が公布・施行されると、翌年には全国離島振興協議会初代事務局長になっている。

しかし、法律が制定されただけで、離島が抱える問題は解決せず、離島が進展してはいかなかった。離島振興法は離島の根本問題を解決するものではなく、方向と足場を与えるものである。瀬戸内海の島々にもこの法律を適用しようとする声がおこったが、宮本はそれに反対した。

瀬戸内海における離島問題を生じさせるのは、先進と後進の落差の大きさである。その差をうめるためには、後進地が先進地へ追随していける条件をつくらなければならない。離島振興法がそのささやかな一つの足場として利用されるのならともかく、それが離島対策のすべてであるかのように思いこまれることを宮本は恐れたのである。

公共性への道をひらく

宮本民俗学は共同体が閉ざされたものではなく公共性に向けて開いていたことを説き明かそうとしたのではないか。また宮本自身の学問的実践、その背景にある思想が、同様の道筋を志向していたことだったと考える。それでは「公共性」と「共同体」にはどのような違いがあるのか。齋藤純一『公共性』によるとつぎのようになる。

共同体が閉じた領域をつくるのに対して、公共性はだれもがアクセスしうる空間であり、オープンであること、閉域をもたないことが条件である。公共性は、共同体のように等質な価値に充たされた空間ではない。また、共同体は、宗教的価値であれ道徳的・文化的価値であれ、共同体の統合にとって本質的とされる価値を成員が共有することを求めるのに対して、公共性の条件は、人びとの抱く価値が互いに異質なもので、公共性は複数の価値や意見の〈間〉に生成する空間ということになる。つまり、共同体ではその成員が内面にいだく情念（愛国心・同胞愛・愛社精神など）が統合のメディアになるとすれば、公共性においては、人びとの間に生起する出来事への関心なのである。公共性は、何らかのアイデンティティが制覇する空間ではなく、差異を条件とする言説の空間であり、公共性の空間では、人びとは複数の集団や組織に多元的にかかわることが可能である――。

私たちが過ごしてきた共同体も、決して保守的ではいられなかった。共同体の外側からくるものから、絶えず刺激を受け、また自らそうした刺激を取り入れたのである。つまり私たち庶民の歴史も、共同体と公共性の絶え間ない往来から生まれてきたのである。

第４章　民俗社会の叡智

寄り合い民主主義

『忘れられた日本人』に収録された「対馬にて」の「一　寄りあい」は、一九五〇年（昭和二五）に八学会連合の対馬調査に民族学班として参加した宮本が仁田村伊奈（現・対馬市）で体験した寄り合いの話である。この紀行文は、日本の共同体が継承してきた熟議による民主主義、満場一致の民主主義の一例として取り上げられることが多い。宮本が対馬で見聞した「民主主義」はこんな段階を踏むものだった。

伊奈の区長の家を訪ねていった宮本は、区長の父から区有文書の存在を知る。翌朝、借用を願い出ると、村の寄り合いを中座して戻ってきた区長は寄り合いにかけなければならないと言って出て行った。午後三時を過ぎても区長が戻ってこないので、しびれを切らした宮本は寄り合いが開かれている神社に出向いて行った。寄り合いでは板間に二〇人ほど、その外にも多くの人が詰め、区有文書の貸し出しや、さまざまな議題について、朝からずっと協議していた。そして訪れてから一時間ほど経って、区長が一同から同意を取り付け、ようやく借用することができた。

「村でとりきめをおこなう場合には、みんなの納得のいくまで何日でもはなしあう。はじめには一同があつまって区長からの話をきくと、それぞれの地域組でいろいろに話しあって区長のところへその結論をもっていく。もし折り合いがつかねばまた自分のグループへもどってはなしあう」。みんなが納得のいくまで話し合い、結論が出ると守らなければならない。「理窟をいうのではない。一つの事柄について自分の知っているかぎりの関係ある事例をあげていくのである」。

宮本は本編を、「昔の村の姿がどのようなものであったか、村の伝承がどのような形で、どんな時に必要であったか、昔のしきたりを語りあうということがどういう意味をもっていたか」を知ってもらうために書いたという。そして、そういう共同体ではたとえ話、体験したことに事よせて話すのが、他人の理解も得られやすく、話すほうも話しやすかったのである。また、近世の寄り合いでは郷士も百姓も村落共同体の一員として互角の発言権をもっていたと考えられるのだ。

村の伝承に支えられながら村の自治が成り立っていた。すべての人が体験や見聞を語り、発言する機会をもつことは、村里生活を秩序だて、結束を固くするのには役立った。しかしいっぽうで、村が前進し、発展していくための障碍を与えていたことも宮本は指摘している。

共同体における自主性と束縛

同じく『忘れられた日本人』中の「子供をさがす」は、共同体のもつ自主性と束縛を、小品のなかに描き出している。

「共同体の制度的なまた機能的な分析はこの近頃いろいろなされているが、それが実際にどのように生きているか。ここに小さなスケッチをはさんでおこう。これは周防大島の小さい農村が舞台である」という序文で「子供をさがす」ははじまる。近所の家にテレビを見に行っていた一人の子どもが母親に叱られたのをきっかけにいなくなってしまう。それをめぐって、村中の大人が動き出す。子どもは家で隠れていたのを見つかるが、そのなかで動く村人たちの行動が映し出される。だれかがリーダーシップをとって手分けしたのではなく、村人たちは自主的に、いなくなった子どもが出かけそうで、なおかつ自分が熟知している場所に探しにいったのだ。

「Aは山畑の小屋へ、Bは池や川のほとりを、Cは子どもの友だちの家を、Dは隣部落へという風に、子どもの行きはしないかと思われるところへ、それぞれさがしにいってくれている」。宮本はこうした行動力から、この島も近代化し、村落共同体的なものは壊れ去ったと思われていたが、目に見えない村の意志のようなものが動いていて、一人ひとりの行動におのずから統一ができているようだという感想を抱く。

しかし、村人が探しまわっている最中、道にたむろして噂話に熱中している人たちがいた。最近になって村へ住むようになった人びとである。古くからの村人と日ごろの交際はこだわりなしにおこなわれ、通婚もなされているのに、子どもの行方不明に無関心であったり、まったくの他人事として捉える人びともいた。

宮本は、新しい技術や文化が入ってきている近代化された場所にもかかわらず、かつての共同体的な人間関係が残っていたことに驚かされる。ここにはだれに命令されるわけでもなく自分の意志で子どもを探す共同体の姿とともに、そうした自主性をわずらわしく感じる、新しいタイプの住民との対比が描き出されているのである。

女性の民俗的地位

歴史学者の網野善彦は、宮本常一が「女性」という主題について民俗学の立場から積極的に取り組んだことを高く評価している。

網野によると、『忘れられた日本人』が刊行された当時（一九六〇年前後）の歴史学、経済史学の主流は、家父長制、男性による女性の支配を封建的な社会の残滓《ざんし》とみなし、それが克服されて日本の社会が民主化される方向に推進していくことが必須な課題だという捉え方をしていた。宮本はこうした見方を厳しく批判し、それは東日本の常識を基礎として捉えた日本史像、日本社会像で、日本全体の事実に則しているものではないと指摘をしている。男性中心の家父長制によって女性が支配されているというあり方、あるいは地主が小作人を厳しく搾取しているのは東日本の実態で、西日本の実態は違うことを宮本は積極的に主張したというのだ。

宮本は、戦中の『家郷の訓《おしえ》』（一九四三年）でも、一見保守的にみえるような共同体に属する女性の姿のなかに、ある種の主体性を見つけだそうとしていた。

村の娘はある年代に達するとたいてい家を逃げ出し、町へ奉公に出た。女中奉公をして稼いだのである。親の許しを得ないで村を出るのだが、それは父親だけが知らなかった。母親は娘の家出を事前に知って、そうした行動を理解していた。嫁入り前に女中奉公して、稼いだお金で京、大阪を巡るというのが女性が教養を得るための社会教育であり、明治以降はそれが慣習化した。また女中奉公とはべつに「秋仕奉公《あきしぼうこう》」という出稼ぎに出た女性たちは、その賃金で自分の着物を買うことができた。

年老いた女性は苧《からむし》の繊維をよりあわせて糸を紡ぐ「苧績《おう》み」によってヘソクリを獲得していった。手間暇がかかる苧績みは、十分な収入になった。苧を入れておくための苧桶《おごけ》は嫁入り道具の一つで、その中の苧の下に飴玉や氷砂糖をしのばせていたから孫たちが祖母のまわりに集まってくる。嫁に主導権を譲ったあと、祖母となって貯えたヘソクリは嫁に行った自分の娘や娘の子のために使った。孫にとっての祖母は祖父とは違った存在になるのだ（宮田登「伝統社会の公と私」による）。

いっぽう『忘れられた日本人』に収録された「名倉談義」では、共同体のしがらみが女性の生活を束縛したことが強調されている。六歳から九歳まで子守りに出され、一六歳で嫁に行く。小学校へ通ったこともなく、財産がなく無口な男と六〇年間一緒だった。亭主はよく働き、朝起きてから寝るまでわらじを脱いだことがなかった。このあたりは月のさわり（月経）をやかましく言うところで、家ごとに「ヒマゴヤ」（生理小屋・不浄小屋）があり、さわりがはじまるとそこで一人で寝起きし、煮炊きしたものだった……。

宮本の死後に編集・刊行された『女の民俗誌』なども含めて、宮本の女性生活誌、女性文化誌は振り幅が広く、女性の多様性をすくいとろうという意志が感じられる。

「性」の領域

宮本の民俗誌には「土佐源氏」を筆頭に「性」について描いたものが少なくない。『忘れられた日本人』の「対馬にて」では、男と女が歌のかけあいをする歌垣があったこと、男は女にからだを賭けさせ、声のいい若者は美しい女性とはほとんど契りを結んだという話が綴られる。

同じく「世間師（二）」には、左近熊太翁の体験談として、「一夜ぼぼ」という習俗が語られる。明治維新まで旧暦四月二二日におこなわれる、河内国磯長《しなが》村（現・大阪府南河内郡太子町）「上《かみ》の太子《たいし》」（叡福寺）の会式《えしき》の日は、好きなことをしてもよかった。「太子の一夜ぼぼ」といい、この夜は男女とも、だれと寝てもよかったという。熊太翁も一五歳になったとき一夜ぼぼに行き、初めて女と寝た。それから後も、毎年この日は出かけていった。

女の子はみなきれいに着飾っていた。男と手をとると、そのあたりの山の中へはいって、そこで寝た。これはよい「子だね」をもらうためだといい、その夜にかぎられたことであった。このときにはらんだ子は父なし子でも大事に育てたものだという。

明治元年になると、いつでもだれとでも寝てよいということになり、昼間でも家の中でも山の中でも好きな女と寝ることがはやった。それまでは、亭主のある女と寝ることはなかったのに、そういう制限もなくなった。しかし、警察がやかましく言うようになり、明治時代の終わりごろには止んでしまったという。

宮本は、「性」の話がここまでくるには長い歴史があったと「女の世間」で述べている。そしてこうした話を通して女性は男性への批判力を獲得したという。女性たちの「エロ話」の明るい世界は、女性たちが幸福であることを意味する。しかし女性たちのすべてのエロ話が、幸福だというのではない。女たちの話を聞いていると、エロ話がいけないのではなく、エロ話をゆがめているなにものかがいけないのだと宮本は考えた。

「夜這い」については、その実態をどのように評価するべきかという問題がある。宮本は、自由な「性」を積極的に取り上げた民俗学者だが、「エロ話をゆがめているなにものか」については明確な答えを出さずにいる。

渋沢敬三が薦めた「傍流」

宮本常一の民俗学の思想と方法に多大な影響を与えた人物として、渋沢敬三の経歴を紹介しておく必要がある。

渋沢敬三は「日本近代資本主義の父」とよばれる渋沢栄一の子・篤二の長男として東京に生まれた。東京帝国大学経済学部を卒業後、横浜正金銀行に入行、その後第一銀行に移り、取締役、副頭取を歴任した。日本銀行副総裁に転出し、一九四四年（昭和一九）には総裁に昇任。第二次世界大戦後は、幣原喜重郎内閣の大蔵大臣となり、戦後経済の立て直しにあたった。公職追放を経て、国際電信電話（現・KDDI）の初代社長に就任するなど、財界人として多くの要職を務めた。

渋沢は政財界の仕事を務めながら、一九二一年（大正一〇）に第二高等学校（東北大学の前身）時代の同級生たちと、東京三田の自邸の屋根裏部屋に動植物の標本や化石などを集めて整理研究などをおこなう「アチックミューゼアムソサエティ」を立ちあげる。一九二五年には名称を「アチック・ミューゼアム」と改め、戦時下に「日本常民文化研究所」と改称し、戦後も活発な活動を続け一九八二年に神奈川大学の付属研究所となった。渋沢はこの研究所を拠点にして民俗学の後進を指導、支援するとともに、日本民族学協会会長として、六学会連携につとめ研究のチームワークを進めた。みずからも『日本釣漁技術史小考』『日本魚名集覧』など漁撈史、漁撈民俗の分野で数多くの成果を残した。

渋沢が宮本に対して言った、民俗学者として、あるいは人間として守るべきことを宮本は忠実に守った。またそれは、宮本の思想のある性格を如実に表わすものとなった。

「大事なことは主流にならぬことだ。傍流でよく状況を見ていくことだ。舞台で主役をつとめていると、多くのものを見落としてしまう。その見落とされたものの中に大事なものがある。それを見つけてゆくことだ。人の喜びを自分も本当に喜べるようになることだ」

(『民俗学の旅』)

渋沢がここで使った「傍流」を、「オルタナティブ」という言葉で言い換えても決して間違っていないのではないだろうか。つまり言い方を換えれば、宮本民俗学は学問のなかでもオルタナティブな位置(傍流)にあり、その立脚点から主流を批判的に検討する視座を提示しているともいえるのである。

伝承としての「民具」

宮本は民俗学は無字社会の文化を研究する学問だと考えた。だがしかし、無字社会と関連が深い有字社会の有字文化を対象のなかに含めることにより、比較研究の方法は複雑になる。文化が中央から地方へ広がっていくとか、日本を東と西に分けて考えてみるといったことだけではなく、村落構造の類型化による比較、文献による古代への遡源、遺物・遺跡などの比較による研究が必要になってくる。ここにいう「遺物」や「遺跡」というのは考古学的なものではなく、村の神社や寺院のあり方、神社の森、あるいは山の木のあり方、屋敷・田や畑のあり方・形・大きさなどを含めたもののことである。そして、そこで使用されている民具などは民衆生活を探っていくうえでさらに重要な鍵になる。民具を通じて日本の民衆の生活を探り、またそれが周囲の民族とどのようなつながりをもち、あるいは差異をもっているかを知るのにひとつの手がかりになるのだ。

有形文化のうち民具については、柳田国男、折口信夫を発端とする日本の民俗学では関心が高くなかった。そのため民具の見方やその取り扱い方にも決め手がなかった。しかし、民具の比較研究は民具そのものの意義を明らかにするだけにとどまらず、その背後にある生活を明らかにすることができる。たとえば、一軒の家が保有する民具の量や種類を比較して、自製品の量が多ければそれだけ自給度が高いことになり、購入品が多ければ一つの地区が他の地区とどれほどのつながりをもっていたかも明らかになる。また、農民以外の社会階層についても知ることができ、技術的な製作工程の比較によっても技術の伝播や発達を見ていくことができる。自給を主とした日本の農耕社会では必要なものは自分でつくり出し、自分たちでつくり得ないものだけを購入することにしていた。この自製または半プロによる製品は「民具」の名で呼ばれている。私たちはしかも民具のなかに民俗伝承の姿を見ることができる。

また宮本は、自国の民俗文化の古さを探りあてるだけでなく、異民族のなかにも無字社会は広く存在しており、そこでどのような生活がおこなわれているかを比較しようとする場合、民具は比較すべき資料としては重要なもののひとつになるとした。

「民具学」の提唱

宮本によると、民具研究は民具の形体学的研究にとどまらず、民具の機能を通じて生産、生活に関する技術、さらにその生態学的研究にまで進むことに意味があるとする。そして生産、生活の技術、民具の生態学的な研究は、人間の生態学的な研究とも深いつながりをもつものだという。

『民具学の提唱』（一九七九年）で宮本は、なんのために民具を研究するのかという周囲の疑問を列挙しながら、民具学の性格と必要性を明らかにしている。

民具に美術的な価値を求めるのではなく、民具の材質や形体や用法を調べてみても、そういうことについての知識をもつだけであり、しかも民具は過去のものになりつつある。民具という限られた概念の中で民具を見ていこうとするとき、それは大して価値がないのではないか。また「民具の研究を民俗学の中から切りはなすほどの必要があるのか、民具の研究は一つの科学として成り立ち得るのか」という意見もある。こうした疑問は考慮に価する重要な内容を持っているものだと宮本は考える。

またなぜ民俗学のなかから、民具の研究を引きはなさなければならなかったのかということが問題になってくる。民具研究はそのまま民俗学（郷土研究）のなかへ内包されてよいものであり、民俗学の一部門として研究をすすめていってもよいであろうという疑問が出てくる。

従来の民俗学が重出立証法（民間伝承をより多く採集し、それらを比較することで真実を見つけ出していく探究方法）によってその始源を探ろうとしたのに対して、技術の共通性と差異性を系統的、系譜的にたどっていくことにより、古い技術を探りあて、またそれがどのように変化していったかを明らかにする方法もある。

民具を研究対象とすることにより、民俗学がなおざりにしてきた民衆の日常生活や民具の製作技術とともに、その民具の使用法も技術の問題になってくる。人が民具とどうかかわりあったか、新しい民具が生活をどう変えていったかを見なければならない。民具の形体や質の変化、製作法の変化を隣接する地域ごとに比較することで、根幹の技術がどういうものであるか、それがどう変わっていったか、なぜ変わらなければならなかったかをも明らかにしていくことができる。

伝承資料を比較して本末、前後を決めていくだけではなく、一つの生活環境のなかで、いつどのようにして伝えられ、また変化していったかを聞き出すとともに、そういう作業を基礎にして、変化や普及の法則のようなものを見つけていくことは不可能ではない。宮本の民具学はこうしたスケールとキャパシティをもつものとして構想されているのだ。

民具・物流・産業

このように宮本の民具学は民具の研究だけで完結するものではなく、ほかの領域をまきこみ、それまでは見えてこなかった流動性のある歴史を解き明かす。そうした例を紹介してみたい（「宮本常一先生聞き書き」『炉辺夜話』）。

埼玉県の南西部にある狭山の一帯は、大きな茶の栽培地になっている。その狭山茶が、どのようにして、あの地域に発達したか。どの書物を読んでみても、近くに江戸があるから茶を作り出したかのように書いている。しかし、宮本は別の考えをもった。

茶というものは、密封しておかないとかびが生える。そのため、中にブリキを張った箱に入っている。あのブリキの箱がなかった時代、湿気のない器やガラス器もなかったころには、茶壺に入れる以外になかった。茶壺を最も多く作ったのは近江の信楽《しがらき》だった。宇治の茶を江戸に送るには茶壺が必要で近江の信楽が宇治にいちばん近い。その茶壺に入れて茶を江戸に送ってくるが、空になった茶壺を宇治まで持って帰ることはめんどうだった。そうすると空いた茶壺が、江戸にたくさんたまってくる。そのからっぽになった茶壺を利用して、狭山の茶業が起こってきた。狭山の茶業は、宇治から送られてきた茶壺を利用して発達していった。

ところが、茶業のほうが伸びてくると茶壺が足らなくなる。そこで信楽の職人が常陸の笠間に移って焼いたのが笠間焼で、笠間の人間が武蔵の飯能に移って焼いたのが飯能焼である。こうして、だんだん移っていくと、技術が下手になってくる。下手になってくるのだけれど、味のあるものができてくる。文化を見ていく場合に大事なのは、ひとつの対象物だけを見ればいいのではなく、相関関係で見ていかなければ、本当のことがわかってこないということである。

文化というものは、私たちが気のつかないようなところに、それを支えるものがあった。ある物がからみ合っていくことによって、高められていき、広がっていっているのだ。

宮本が語るこうした歴史叙述は、民具を民具そのものにとどまらず、物流、産業、人間の移動なども含めた、歴史の総体のなかで把握しようとするものだった。そして農漁村部と都市部との交易、交流を見ていくことは、「都市」もまた民俗学の対象であることを明確に示すものでもあった。

オシラサマに対する独自のまなざし

狭山茶の成立にまつわる産業史のような、経験にもとづいた宮本のまなざしは「オシラサマ」に対しても注がれた。オシラサマは東北から関東におよぶ民間信仰の対象で、とくに岩手県を中心におもに桑の木でつくった二本の棒に、男女の顔や、馬の顔を刻んで信仰してきた。民俗学では柳田国男が『遠野物語』（一九一〇年）で取り上げて以来、養蚕の神、農業の神、馬の神など、その信仰態様について議論されてきた。

一九四〇年（昭和一五）夏、渋沢敬三からアチック・ミューゼアムに保管されている岩手県遠野地方のオシラサマの研究を促された宮本は四〇組八〇体のオシラサマを調べてみることにした。

遠野のオシラサマには毎年一枚ずつ、布地(オセンダク)を被せていく習俗がある。宮本はこの布地が染織史上、重要な資料になるのではないかと考えた。

布地を見ていくと、原則としてこの地方で用いられる晴れ着のようなものが着せられている。しかも、この地方で生産され、染織されたとみられるものは少なく、多くは上方からもたらされたものだと推測できる。また、新しく被せられたものには化学染料が用いられていることから、晴れ着はほとんど店売りのものを買ったと考えられる。

宮本はオシラサマにまつわる民俗信仰よりも、オシラサマに被せられているオセンダクの素材と染料に着目し、その結果、オシラサマは古くは真綿でくるまれ、最も多くは絹織物をまとっていたことを明らかにしていった。

「祭」で発散されるエネルギー

庶民は決して暗いだけでなく、彼らなりに生きる世界を見出し、時には楽しい日もすごしている。農民たちはほかからは苦だと思われることも苦にしなかった。苦にしないような生活の立て方をし、与えられた生活のなかで楽しむ術を知っていた。仕事唄や座敷唄もそうして生まれたものだし、節目には仕事を休み、盆正月や祭の日には大勢で集まって、生きる喜びを分かちあう数々の行事をした。そして若者は若者で、年老いた者は年老いた者で楽しみをもった。

宮本は、民衆生活を向上させ発展させる一つの契機になったものは、祭ではなかったかという。祭のときのエネルギッシュな集団行動が、新しい世界への道を拓く原因のひとつになっている。それを明らかにするには祭の形式的な調査のみでなく、祭がその社会にもっている意義や影響をも調べなければならない。民衆社会に上層文化が入りこむ「窓」は、もとは祭の庭だった。だから、祭礼を見ていくことで、上層文化と下層文化の交流の鍵を探りあてることができるようになる。民俗社会の素朴な儀礼に、上層文化の行事や儀礼がいくつも複合し、複合することによって華美壮大になる。きわめてつつましい日常生活を送っているものも、祭の日には爆発的エネルギーを発散させるのだ。信仰世界に対する関心が薄かったようにみられる宮本だが、民衆にとってのこうしたいわば「ハレ」の日の意義を高く評価していたのである。

絵巻物に描かれた庶民生活

渋沢敬三の発案で、戦前にアチック・ミューゼアムがはじめ、戦後は日本常民文化研究所に引き継がれた仕事に、絵巻物の索引化がある。

日本の絵巻物のなかから、現在の民衆生活につながる住居・衣服・施設・運搬・生産用具・調度品・労働・容姿・人生などに関する絵を抜粋・模写し、それに解説を加え、またそれぞれの事象に名称を付して字引と同じように絵を索引から探せるようにしたもので、『絵巻物による日本常民生活絵引』として刊行される。絵巻物のすみずみまでを民俗学者の目で見、私たちの過去の生活、ふるまいを意味づけ、その価値を掘り下げた意欲的な企画である。

宮本自身も中央公論社の『日本絵巻大成』の月報に絵巻物の民俗学的読み解きを連載し、こちらは宮本の死から二ヵ月後、一九八一年（昭和五六）三月に中公新書の一冊『絵巻物に見る日本庶民生活誌』となった。

絵巻物は私たちの過去の美術的記録ではなく、民俗技術が伝承された重要な資料であることを宮本の精細な視線は捉えた。そして、絵巻物の中の人びとのふるまいが、現在もまだ生きていることを明らかにしていったのである。

上で目を引いたものがあったら、そこへは必ず行ってみることだ。また高いところでよく見ておけば、道に迷うことはほとんどない。

（3）金があったら、その土地の名物や料理はたべておくのがよい。その土地の暮らしの程度がわかる。（4）時間のゆとりがあったら、できるだけ歩いてみることだ。いろいろのことを教えられる。（10）人の見のこしたものを見るようにせよ。その中にいつも大事なものがあるはずだ。あせることはない。自分のえらんだ道をしっかり歩いていくことだ。

俯瞰からはじまり生活のディテール、生業・産業の一端までをも捉える方法が示され、汎用性があるとともに、宮本の歩き方にも明確に表われている。

すたれつつある伝承形式

「日本民俗学の目的と方法」によると民俗学は、かつて文字をもたなかった社会（無字社会）のなかでおこなわれた文化伝承の方法であった言葉と行為のくりかえし＝慣習的生活の記録化であり、これをもとにした文化の原型への遡源と、文化の類型、機能を研究しようとするものである。しかし、無字社会は日本ではすでに消滅してしまっているため、無字社会の伝統をもつ社会のなかから慣習によって保持されてきた文化を研究する学問だということになる。

無字社会の文化は記録化されずにきたために、原始社会の時代から現在まで、どのように変化発展してきたかを見きわめることは難しく、その方法論さえ確立されているとはいえない。そして方法論的に無字社会の調査は成り立たないと説く学者もいるが、かつて無字社会の存在していたことは事実であり、その社会のもつ文化の実態を明らかにしていくことは民族全体の文化を明らかにするきわめて重要なことである。しかし現状は、無字社会が有字社会化したことによって、古い伝承形式が次第にすたれて文字以外の伝承は急速に消えつつあり、残っている民俗伝承でもその多くは形骸化し、古い実感がともなわなくなっているものが少なくない。それだけに調査は困難になりつつある。

村の風物は、それぞれの歴史と理由をもち、私たちの「生活意識」の表現でないものはない。私たちは村里の風物に接することによって、そのなかに含まれた意味を汲みとらなければならない。村を調査する際に、私たちはどこまでも謙虚でなければならない。そのことにより思いもかけないような贈り物がある。予定しないもの、予想しないものを見つけだし、さらに新たな真理追究の欲望をそそられることがある。民家の人たちと言葉を交わすことによって、表現される物象の底に潜む生活意識を、また文化を知ることができる。

伝承は言葉や行為のうえにだけ見られるのではなく、日々の暮らしを営んでいる生活の場にも見られる。そのような事実を頭に入れて聞き取りをはじめると、ときには相手の記憶違いもわかってくる。また聞き取りはせずに、ただ村を見て過ぎるだけでも、村のようすでそこがどういう村であるかをほぼ知ることができると宮本はいうのだ。

伝承の公共性

伝承が急速に消えつつある時代に、宮本のフィールドワークはどのようなものであったのだろう。フィールドワークを可能にするには、まずできるだけ「よい老人」に会ってみることが大切であるという。そういう人たちは祖先から受けついできた知識に私見を加えない。なぜならその知識を「公」のものと考えているからである。年の若い人たちは私見が加わって、議論が多くなり、一個の意見としては通用するものの伝承資料としてはとりがたい。とくに村の封建性を非難することなどは、世相としての価値は認められても伝承的価値は乏しい。

前述した河内国滝畑の左近熊太はそうした知識をもった人物のひとりだった。だから自分の過失や欠点についても、語り伝えなければならないことには私見を加えなかった。

こうした老人の話が本物であるか、また古風なものであるかを見きわめる手がかりに、話者の語り口調がある。まったくの散文になりきっていれば、新しい粉飾が加わっているだろう。しかしよい話にはやや抑揚があり、かつそこに話の流れが見られるのである。民俗学は、現在の位置に立って過去をふりかえってみる学問で、現在が基準になるとされている。しかし、話者の話のなかにできるだけ多くの過去の伝承が正確に存在することが必要である。

宮本が採集にあたって、できるだけ八〇歳以上の老人を対象に選んだのは、明治維新の変革を境にして、その前と後とではどれほどの差があったかを見たいと思い、さらに藩政時代の諸制度が、民間にどのように影響していたかを知りたいためだった。また、幕末生まれの老人と明治時代に生まれた人とのあいだには、民間伝承の保有量において明らかに差があった。話す態度が端然としていること、私見を加えないこと、そのうえもっている知識を後世に伝えたいとする情熱など、話を聞いていて胸を打たれることが多かったという。つぎによい話者は、明治時代における変遷をよく知っているような人で、若いときは村に住んでいたが、青壮年時代は他郷を歩きまわった、「世間師」などといわれるもののなかに多い。彼らには自他の生活の比較があり、知識も整理されている。ひとつの村だけに長く住みついていると、ほかからやってきた事柄に対して、無関心にすごしている場合が多い。

よい伝承者から話を聞くと、聞くほうに聞くことがなくても話がとぎれることはなく、相手が質問以外のことを話していても、内容のだいたいは理解できる。それと同時にこちらの聞きたいことばかりでなく、相手が話したいことを話してもらうことになる。すると、自分が聞きたいことは聞き出せずに世間話で終わってしまうことも多くなる。宮本はそういう点で、自分は「聞き下手」なのかもしれないという。宮本が「聞き下手」なら、「聞き上手」はだれなのか問い返したくもなるが、話を聞くということの相互性が一筋縄でいくものでないことを、宮本は具体的に説明してくれている。

文字を知らない住人たち

宮本は大阪・高麗橋郵便局に勤めはじめた一九二四年（大正一三）に局に近い釣鐘町（現・大阪市中央区）にある長屋の一間に間借りした。この長屋は一二軒で一つのグループを作っていたが、住人たちは老人が多く、ほとんど字を知らなかった。三〇代でも字を知らない人がいたのだ。宮本はその事実に驚いたが、まもなくこの人びとの代筆をするようになり、また手紙を読んであげた。そういう人たちの男女関係は複雑なものが多く、宮本は恋文の代筆をしただけではなく、女性たちから身の上相談を受けた。女性は三〇歳前後、宮本は一八歳のときである。宮本にとってこれまでこんなに困ったことはなかったが、実に多くのことを教えられたという。この長屋の人たちに悪い人はいなかったが、みな気が弱く、気が小さかった。人の邪魔にならないように生きているのだが、袋小路に追いつめられて、新しい世界をきり拓くことを知らない。宮本にとってこのときの体験が、その後多くの人に接し、また話を聞くうえで大変役に立った。長屋の人びとの生きざまは宮本の心に深く刻まれ、「都市」の生活に関心を持つようになったのもこのときの体験によるものだったという。

また同じ頃、大阪の大きな橋の下には「乞食」の集落があり、筵《むしろ》で小屋掛けをして大勢の人びとが住んでいた（『山に生きる人びと』では橋の下の住民を「サンカ」とみなしている）。そのうちで最も大きな集落は、淀川に架かる長柄橋の下にあり、都島橋の下にも何十組もの家族が暮らす小屋があった。宮本は大阪の街を歩いているうちにそうした人びとに出会い、話をする機会を持ったのだが、宮本はその人たちのことを不潔とも無知とも思わなかった。なかには身体障害者、病気をもった者、精神障害者もいて、町の片隅に吹きだまりのようになって生活していたのである。宮本はそうした現実に義憤をおぼえるより、そこにまた一つの秩序があり、それなりに生きている姿にいろいろのことを考えさせられたのである。その半ばうつろな眼をしているけれども、そういう人たちを内包している社会が、政治社会の外側に存在していた。その人たちの生活を向上させる方法はないものか。慈善事業としてではなく、自分たちで立ちあがっていくような道はないものかと考えたのである。

当事者性からのアプローチ

宮本は自分のように何をしてきたのかわけのわからぬようなものは、何一つ学問の方向づけをしたり新しい方法論をうちたてたり、また調査の結果が社会的な反響をよんだりすることもなく終わろうとしているけれども、そこに自身の可能性の限界があったのではないか、ただよりよい民俗調査をしようとするものは、どんなことをも億劫がらず、そして対象と一つにとけこむことだという。

宮本は季節の移り変わり、日々の天候がいちいち気になった。晴天が続くと作物が日焼けしないか、風が吹けば稲が倒れないかを心配した。春が来れば田畑の仕事が忙しくなっているだろうと思い、梅雨どきになれば田植が心配になって郷里へ帰った。またそれとともに、全国に住む知り合いたちの農耕が心にかかって仕方がなかった。

「あの島この島」(『日本遊覧記』)でも、旅にいて長雨や大雨が降ると山くずれが心配で眠れない、坂道ばかりを歩かないと田畑へ行けない母親のことがむしょうに気になるという。

そして宮本はよく、

「『瀬戸内海は景色がよい』と人々は言う。『なんのよいものか、はげ山ばかりの島が重なり合っていて、身の貧しさ、心の貧しさをさらけ出しているようなものだ。景色がよいなどというのは、そこに住んだことのない人間のたわごとだ。そこに住んでいる人々にとって、その景色のよいということがどんなに大きな重荷になっていることか。』」と言って話し相手をやっつけるのだという。

宮本のこうした反応は、災害に対する当事者性の有無の問題とも結びつく。宮本はまた、つぎのような景観に対する見方にも疑問を抱く。

島外から訪ねてくるものは、海があって島があり、花崗岩の露出があり、栄養不良で歪みくねった松であっても、それが生えていると「景色がよい」と感じる。自然と人間の関係が良くも悪くも密接していた時代から、自然を景観美とか、観光の対象としてみるようになった近代以降までをとおして、宮本は自然を「私たち」の一部、一員として捉えなおそうとしているのだ。

児童によるフィールドワークの記録

宮本の民俗調査、フィールドワークの最初期に位置するものに、尋常小学校の教員時代に試みられた児童たちとの教育的な実践があった。冊子『とろし』は、大阪府泉北郡取石尋常小学校の六年生を担当した宮本が、一年間かけて児童たちに記録させた生活誌を、卒業記念文集として一冊にまとめ印刷発行したものである（一九三七年三月刊）。ここで宮本は、子どもたちが自分の村の民俗伝統を文字化するために三つの学習をつうじて達成できるような工夫をしている。

宮本が書いた「村の歴史」を巻頭に、広範な民俗採集である「村のしらべ」、児童たちの手で昔話を採話した「昔話と伝説」、生活の多方面にわたる綴り方「我等の生活」からなる。宮本によると「我々の村はうち見た所何の面白味もない」という。しかし、この書物が愉快なのは、この中にこの村の歴史が描かれているということであり、同時にこれを調べたのが児童自身であることだ。村の生活をいろいろと調べた結果、改めてそれを直視し、この村のどの点がすぐれているか、どの点をなおしていかねばならないかを考えてみなければならない。この書物には、村を立派にし、家を立派にしていくための物差しのようなものであらしめたいという、宮本の思想と方法論がこめられている。

調査される迷惑

宮本は民俗調査について、学問的意味だけを強調していたわけではない。自分自身や自分の周囲の人びとがその対象となる可能性がある調査のあり方に対し、「調査地被害」という文章で、調査される側の迷惑について鋭く指摘している。

調査者は、それぞれのテーマをもって調査するのは当然のことだが、自分のほうに相手を向かせようとすることにだけ懸命になることなく、相手の立場に立って物を見、考えるべきである。

地方に住む人たちは、自分の生活を潤していたものを、あらゆる手段によって奪われようとしている。人と人をつないでいた絆が、調査という名のもとによそ者が入りこんでくることにより断ちきられていくのは大きな問題だ。なぜなら調査によって、地元の人の発言権が増していったという例はきわめて少ないからである。調査というものが地元のためにならず、中央の力を少しずつ強めていく作用をしている場合も多く、しかも地元民の人のよさを利用して略奪するものも少なくないという。

ここでは聞き取り、聞き書き、フィールドワークといった方法が、相互性をもつものでなければならないという警告が発せられているのだ。

「旅」と「観光」

一九六四年（昭和三九）に著わされた『離島の旅』のなかで、宮本は観光旅行ブームについて次のような見解を示している。「今日観光ブームといわれているが、観光客がいったいどれほど観光地に住む人たちの邪魔をしないで寄与しているであろうか」。その生活を破壊する側に回ってはいても、助ける側に回っているものは少ない。

「観光」が観光客本位のものになり、観光地はいつも利用される側に回って、観光地が資本家の手によって植民地化されている。地方の資本が伸び、それが植民地主義に対抗して、地方文化・経済が自立できるようになるべきだ。その方策が立てられないかぎり、地方はいつも食い物にされ、犠牲にされ、文化の恩恵を歪められた形で受けることになる。地方を訪れる人のなかには、本当に地方の生活を見、そこに住む人びとの生活に深い関心をもち、地方文化開発の協力者になる人も少なくない。そういう人に僻地の民衆の生活や歴史がどのようなものかを知ってもらいたい。そして地方の民衆の生活に目を向け、よき相談相手にもなってもらいたいと宮本は望むのだった。ラジオやテレビや新聞で得られる知識ではなく、現在の生活をその地で立てていくにはどうすればよいかという具体的な問題をともに考えてくれる人を地方は必要としているのだ。

「日本列島にみる中央と地方」(一九六四年)でも、地方の文化と思われているものも、住民たち自らが生み出した文化ではなく、支配者に強いられ、また真似たものである、それと同様に、もし仮に現在、新しい地方文化が存在するとしても定着性はなく、たえず浮動していると宮本は指摘する。

こうした文章が書かれたころ、近畿日本ツーリスト株式会社、同社の協定旅館連盟が一〇周年を迎えるにあたり、宮本は旅館の歴史をまとめた本を書いてほしいという依頼を受ける。そうして刊行された『日本の宿』を第一冊に、「旅の民俗と歴史」シリーズ全一〇巻（一九六五～七七年）が生まれた。また近畿日本ツーリストの馬場勇副社長は、同社の一〇周年記念事業のひとつとして、観光に関する研究所の設立を考えていた。こうして一九六六年一月、宮本は馬場副会長と日本観光文化研究所（観文研）を発足させる。観光資源の開発、地方文化の保存、観光そのものの究明などを活動目的に掲げた。宮本常一の長男である千晴が嘱託で事務局長となり、所員十数名、地方同人一二〇名あまりで活動を開始。研究所への出入りは自由、所員・同人の境界も曖昧だった。

宮本にとって観文研は、「旅」と「観光」について民俗学的に、あるいは民俗学の枠を越えた実践のなかで考える根拠地となっていった。

自然環境の捉え方

宮本は、自然や環境についても私たちの意外な性格、感情を捉えようとした。たとえば以下のような文章に、その自然観の一端が明かされているのではないか。

「人手の加わらない自然は、それがどれほど雄大であってもさびしいものである。しかし人手の加わった自然には、どこかあたたかさがありなつかしさがある。わたしは自然に加えた人間の愛情の中から、庶民の歴史をかぎわけたいと思っている」（「庶民の風土記を」）

また「人と自然」(『旅と観光』)という文章も今日的である。宮本は日本人の自然に対する「あまえ」を鋭く指摘する。

「あまえるということが、愛するということの範疇に属するならば、日本人は自然を愛しているといえるだろうが、本来日本人は、自然に対してあまえてはいるけれども自然を決して大切にしてはいない。木でも草でも平気で切ってしまう」

日本人は「月雪花」を愛しているというが、それは、そういうものにあまえているだけでほんとうに愛しているのかどうか――宮本の問題提起は、地球環境といった巨視的なものから、人工林としての「里山」に対する理解、都市の公園樹や街路樹の保護や伐採にかかわる世論まで、現在進行形の問題と結びつくものである。

「写真」を撮ること

宮本はフィールドワークの心得のひとつとして、自分が見たことを確かなものにするためにカメラを持って歩くのがよいと指南している。実際に宮本自身は膨大な量の写真を撮り、調査研究に活かした。

宮本が一九三九年(昭和一四)ごろに手にした最初のカメラは、コダックの八枚撮りの小さな古風なものだった。そのころは民俗資料と思われるものだけを撮った。二、三年経ってブローニーのカメラに替えたが撮影できる枚数が少ないので、必要なものしか写さなかった。一九五五年になって三五ミリのアサヒフレックスの一眼レフを手に入れ、このカメラはフィルム一本で三六枚撮れるので何でも写すようになり、一九六一年からオリンパスペンSに替えた。するとフィルム一本で七二枚撮影できるようになった。

カメラをメモがわりに使い、「これは何だろう」と思うもの、記憶しておきたいものなどを何でも写しておき、民俗学的資料以外のものも撮っておくことにする。民俗的な資料や伝承は孤立して存在するものではなく、生活の一部として存在するのである。するとその生活全体が一通りわかることが大切である。また古いものが壊されて、新しくなっていくさまも写真にしておく必要がある。

何でも気のついたことは写真に撮っておくと、その場ではそれがどんな役にたつともわからないが、その後同じようなことに気をつけて見るようになる。そうしたことが視野を広げていく役割を果たしてくれて、いろいろの角度から物を見る訓練にもなってくる。

注意すべきは、宮本がブローニーから三五ミリにカメラを替えた時期が一九五五年だったという点だ。これは宮本が従来の「民俗誌」に飽き足らず「生活誌」を志向すべきだと考えた時期と重なる。ブローニーと三五ミリの大きな違いは、後者だと数多くのカットが撮影でき、またスナップショットが可能になることである。

上：1960年10月26日。山口県浮島
下：1964年4月18日。秋田県の大曲駅
（いずれも周防大島文化交流センター所蔵）

出版編集と民俗学

宮本は、平凡社の編集者時代の谷川健一と組んで『風土記日本』と『日本残酷物語』に協同作業で取り組んだ。宮本が二つのシリーズの編集作業で得た経験は、彼自身の仕事に活かされていくことになる。そして編集者宮本常一として実を結んだ最良の成果は、雑誌『あるくみるきく』だった。

観文研の機関誌として一九六七年に創刊されたのが『あるくみるきく』である。この雑誌は観文研が解散する一九八九年(平成元)の前年、一九八八年までに特別号二冊を含む計二六五冊が出版された。執筆原稿の原稿料以外は無報酬で、調査・取材にかんしてはフィルム代と宿泊費、移動費を近畿日本ツーリストが負担した。

雑誌『あるくみるきく』は特集形式を取り、編集やデザインも含めて所員や地方同人を中心に毎号担当を替えるというスタイルだった。一九七五年六月発行の通巻第一〇〇号「あるき、み、ききながら考えた一〇〇冊」で、宮本は「このささやかな雑誌は旅の宣伝誌ではない。旅に知性がもっと要請されていいし、もっと自由にあるき、物にふれ物を見、そして静かに考えてみる機会を持ってよいのではないかと思っての試みとしてこの雑誌発刊は計画された」と述べる。

宮本によると、日本では一九五五年（昭和三〇）頃から資本主義経済が急速に進み、多くの人口がサラリーマン化し、労働者化していった。そういう人たちは時間に縛られ、仕事に縛られ、考え方に縛られる。つまり枠のなかでだけ行動することになり、自由に考えるための立場すら失ってしまっている。そういうことへのいらだちが鬱積し、ほとんどの人たちがなにかしらの自己嫌悪に陥っている。そういうものから救われるため、その束縛から逃れようとするのが旅のかたちとなり、観光のかたちとなって表われている。だから、「日本人は旅好きである」というが、じつは「旅好き」にさせられるような社会的環境におかれているのだという。『あるくみるきく』はそういう意味で、日本人と旅との関係を開かれたものにするための突破口のようなものだった。

そして、『風土記日本』『日本残酷物語』から『あるくみるきく』を通じて、宮本にとっての編集は、志を同じくする人びとともに、自身の民俗学を一般に流通させるための営為でもあったのだ。

第6章　多様性の「日本」

日本はひとつではない

網野善彦は、『忘れられた日本人』を中心とした宮本の仕事が、戦後歴史学、あるいは近代歴史学自体の根本問題を鋭く突くものでもあったと指摘する。さらに当時の学界では東日本は後進地域と考え、東国は畿内に比べてはるかに後進的とされてきたが、宮本がそういう差異を、先進・後進という割り切り方をしない点についても評価している。

宮本は、東日本については同族集団、同族結合が基本であり、縦の主従関係を基本にした家父長制的な傾向の強い上下の結びつきを特徴とし、それに対して西日本の場合、フラットな、横の平等な関係を結びあうのが特徴だとする。縦の主従関係が東日本に見られるのに対して、寄り合いや一揆のような横の組織は、西日本に発達するという考え方である。東日本では年齢階梯制は非常に希薄で、年寄り組、若者組、娘組のような年齢階梯制が見えないことも強調する。

また宮本は、日本の文化は日本民族の民俗伝承的堆積を基礎にして生まれたもので、単に上層文化の開花によってなされたものではないという。奈良や京都や江戸には社寺や公家や武士による見事な文化の開花があったが、日本人全体がそういう生活をしていたのではなく、それはこの列島に住む人びとの生活のほんの一部にすぎなかった。民衆はそのあいだにも田畑を耕作し、漁撈し、自分たちの生活を支えただけでなく、貴族や武士や支配者たちなど、上層階級の生活をも支えてきた。

ともすると私たちはその延長線上で、前代の世界や自分たちより下層の社会に生きる人びとを卑小に見たがる傾向が強い。宮本は、そのことにより私たちは一種の悲痛感を持ちたがるものだが、自分たちの立場や考え方に立って見ることも必要ではないかと訴えるのだ。

「民衆史」の構想

民俗学が民俗の「歴史」を叙述するのは宮本常一が初めてではなかった。柳田国男は『日本農民史』(一九三一年)を手掛けているし、また柳田による歴史叙述として重要な著作に、『明治大正史世相篇』(一九三一年)がある。柳田がここで試みたのは、日本の近代以降の風俗的変貌によって、日本人の心性がどう変化したか、あるいは変化しなかったかを捉えようとしたことだった。そのためこの著作は、「明治大正史」と銘打ちながら、「何年何月に何々がおこった」という編年体をとらなかった。つまり「常民」の心性の歴史は、従来の歴史書のようなスタイルでは描きえないというのが柳田の考え方だったのだ。

いっぽう宮本の仕事のなかでも、宮本単独の著作である『日本民衆史』と、複数の著者による『日本の民俗』は、宮本の歴史に対する問題意識を表現し、叙述したシリーズとして改めて評価するべきだろう。

未來社から刊行された双書『日本民衆史』の第一期全一二巻のタイトルは、初回配本『甘藷《かんしょ》の歴史』（初版奥付・一九六二年一〇月一三日）にはつぎのように予告されていた。一『開拓の歴史』、二『山に生きる人びと』、三『海に生きる人びと』、四『村のなりたち』、五『町のなりたち』、六『生業の歴史』、七『甘藷の歴史』、八『旅と行商』、九『すまいの歴史』、一〇『生活の知恵』、一一『生産の知恵』、一二『労働の歴史』だった。第七巻『甘藷の歴史』で刊行を開始した『日本民衆史』は、第二回に第一巻『開拓の歴史』を配本し、それ以降は巻数順に出版されていった。しかし一九六八年（昭和四三）二月の第五巻『町のなりたち』の刊行で中絶、第六巻の『生業の歴史』と第八巻以降は宮本の存命中は刊行されずに終わる。

『日本民衆史』は宮本にとって『風土記日本』と『日本残酷物語』で追いもとめた日本の民衆の歴史を、自分ひとりでさらに掘り下げようとしたものだった。こういった持続的な問題意識は、第七巻にもかかわらず最初に刊行された『甘藷の歴史』からもうかがえる。

甘藷（サツマイモ）の日本への伝来は、近世初期のことだが記録は少なく、栽培面積も全耕地面積の二〇分の一足らずで、農業史に占める部分もごくわずかだった。しかし、甘藷が土地の乏しいところや、急傾斜地に住む人びとの生活を変えていった力は大きかった。また救荒作物として備蓄食料として重宝された。宮本は、一植物、一食料にすぎない甘藷を双書の第一回配本にすることで、ふだんは意識されることのない甘藷の歴史を世に問うたのだった。

いっぽう『生業の推移』（一九六五年）を収めた『日本の民俗』は、一九六四年六月から翌六五年九月にかけて刊行された。このシリーズに宮本は、第三巻『生業の推移』と第一巻『民俗のふるさと』（一九六四年七月）、池田弥三郎、和歌森太郎と共編した第一一巻『民俗学のすすめ』（一九六五年六月）に「常民文化研究のオルガナイザー・渋沢敬三」「旅行のうちに」「民衆の歴史を求めて」を執筆。また『日本の民俗』が企画され、刊行された時期は、宮本が『日本民衆史』の執筆を積極的に進めていた時期と重なっていた。

進歩史観、発展史観に対する疑義

谷川健一が『風土記日本』を企画したとき社内で、「民俗学は体系のない学問」、「階級闘争を捨象している」といった学問そのものにたいする否定的な意見があったという（「近代主義への一矢——宮本常一のこと」）。その当時、民俗学は進歩的知識人や進歩的出版労働者から軽蔑の眼で見られる在野の学で、「マルクス主義のよそおいをしてさえおれば、どんな言動でもまかりとおる時代」が戦後しばらくは続いていた。そのため、民俗学を主軸に企画を立てても、理解が得られにくい時代だったというのだ。

『風土記日本』の編集企画の際、谷川が宮本の話のなかでとくに記憶に残っているのは、「民衆の世界が世間に知られるのは不幸によってである」という言葉だった（宮本常一『女の民俗誌』の谷川健一による解説）。民衆に対するこういった認識は、『日本残酷物語』の第二部『忘れられた土地』の序文のつぎのような一節に反映している。

「昨日まで忘れられていたものが、今日ふたたび民衆の意識にのぼってくるのは多くの場合不幸なできごとを媒介にしていた」

虐げられた庶民が人びとの意識にのぼってきた場合、歪められていたり、忘れられた世界のほんの一部であったりする。だからその世界の本当の苦痛は、とりあげられることで、かえって忘れ去られてしまうのだ。

進歩とは何か、発展とは何か、進歩という名のもとに、私たちはじつにたくさんのものを切り捨ててきた。網野は、これは現代の根源的な問題であり、その意味でも宮本の学問的な歩みをたどることとは、ただ個人の学問の問題だけではなく、近代の学問そのものの歴史を考えるうえでも、また人類史全体を考えるためにも必要なことではないかと評価したのである。

戦中の仕事に対する批判

宮本常一は一九六〇年（昭和三五）二月一三日の日記につぎのように記している（『宮本常一写真・日記集成　上巻』）。

「藤田省三が私の事を『転向』へかくという。いらぬことだとはなしておく。保守で俗物の私など論ずる必要はない。つまらぬことを書かれて変に位置づけられるのが一ばん困る」

藤田省三は戦後政治学の巨頭丸山真男の門下で、『天皇制国家の支配原理』などの著作で知られる。藤田が思想の科学研究会編『共同研究　転向3』（平凡社）の『戦中篇　上』の第一章「昭和十五年を中心とする転向の状況」で「保守主義的翼賛理論――長谷川如是閑・宮本常一」として批判的に読み解いたのは、宮本が戦時中に書いた『村里を行く』についてであった。『転向』は戦前・戦中・戦後において日本の知識人といわれる人びとの思想と行動がどのように変化、変節していったかを捉えて論じたもので、大きな反響を呼んでいた。

『村里を行く』は、宮本がアチック・ミューゼアムに参加しておこなった日本各地の民俗調査を紀行文風にまとめて、三国書房の「女性叢書」の一冊として一九四三年一二月二〇日に刊行された。宮本によると女性叢書は、戦争の激しいさなかに出たものだが、戦争の匂いのほとんどしない、生活を見つめた落ち着きのあるものだった。しかし、『村里を行く』だけは「すこし気おいたっていて、軍国調も出ていたので、戦後この叢書がジープ社で再刊せられたとき、私のものだけは出なかった」（『新編 村里を行く』「再刊のいきさつ」一九六一年）。

藤田省三からの批判については、それから十数年経過した一九七七年刊行の『宮本常一著作集25 村里を行く』の「あとがき」で、つぎのように回顧する。

藤田は『村里を行く』を翼賛運動と結びつくものとしたが、そう決めつけたのではなかった。宮本の仕事を発掘と記録とみなすのではなく、伝統の保持拡大に置き換えて考えると、そこには伝統保守主義の立場からする抵抗運動が生まれる。これは日本主義である点で翼賛体制とつながりながらも、実質的には総力戦体制を不可能にしていくこともできる。そうした場合には伝統のなかに根拠地をもち、一歩一歩運動を拡大していく型の進歩的革命主義が成立するだろう。そういう意味で宮本常一のタイプの思想は、汲み出して意識的に活用すべき多くの材料を包み備えている——。

宮本に対する藤田の批判は、大衆ナショナリズムのあり方について、現在でも波紋を投げかける。しかし、宮本の「庶民」は国家にからめとれるものではなく、共同体の共同性を相対化するための営為を繰り返してきたことは、ここまで述べてきたとおりである。

イデオロギーを超えて

前述した一九六〇年（昭和三五）の日記で宮本は、「保守で俗物の私など論ずる必要はない。つまらぬことを書かれて変に位置づけられるのが一ばん困る」と記す。そして、『村里を行く』著作集版の「あとがき」では、「私など思想家といわれるような者ではなく、民衆の生活をできるだけ忠実に見きわめようとしての旅をつづけていたにすぎなかった」と述べている。ここで自ら「保守」といい、また「思想家」ではないと自己評価を下しているが、宮本は本当に「保守」であり、「思想家」ではなかったのか。

宮本が「保守」か、それとも当時でいえば「革新」、現在でいうところの「リベラル」だったかというと、心情的には「保守」であり、理性的には「リベラル」だといっていいのではないだろうか。ただし保守とはいっても国家主義者ではなく共同体主義者であり、クロポトキンの『相互扶助論』に対する思い入れからも明らかなように、マルクス主義に対しては距離をおくアナーキズムと親和性があるかもしれない。

宮本が「思想家」だったかどうかについては、本書の目論見が「宮本常一を思想家として位置づける」ということだったように、私は近現代日本を代表する「思想家」だと確信する。宮本は渋沢敬三からの、「主流にならぬことだ。傍流でよく状況を見ていくことだ」という教えをよく守った。傍流として、主流が見落としていること、忘れられてしまっていることを注視する。また自分の立脚点をいつも傍流におくことを意識した。そういう意味で、宮本はつねに「オルタナティブ」であることを自分に課したのではないか。しかしそれは、庶民が歴史においてオルタナティブにおかれたからでもあった。

「歴史をつくる」ということ

宮本は、人が人を信じ、人を認める社会がこなければ、人間全体に幸福はこないと述べる。そしてその幸福は、実践を通してのみ得られるものである。しかもそのためには、深い知識や技術を必要とする。知識や技術は郷土人がもつことによって威力を発する。生産者がいつまでも人的エネルギー源であってはならない。すでにさまざまな技術教育が進み、能率を高めるだけでなく、仕事への情熱をかきたてつつある。明日への序曲はそれを物語ってくれている。そしてお互いが人間復興への道を見つけ、ともに歩みたいと宮本は考えるのだった。

新しい社会において、だれが、またいかなる階級が、いかなる組織によって、村の自営自治を完成し、社会進展に貢献せしめるようにするかは考慮を要する。古い伝承がいかに展開されつつあるかについてもこのような意味から考え、現実についてもそれを見ようとするようになった。新しい進歩のためには、容易ではない苦心と努力と自覚が必要であり、古い社会がどのように新しくなっていくかについてもじゅうぶんに注意する必要がある。

『忘れられた日本人』に描かれた世間師たちの努力の大半が埋没していった。しかし、単線的な成長や発展を望むべくもないいま、世間師が果たした役割、共同体を公共性にひらいていくための意志と営為は見直されるべきであり、また庶民こそが歴史をつくってきたことも忘れてはならない。

読書案内

宮本常一が書いた膨大な量の著作については未來社から著作集が刊行され続けている（現在まで五二巻を刊行）。宮本民俗学の全貌を知るにはこの著作集を手に取るのがいちばんだが、代表作は岩波文庫、岩波現代文庫、河出文庫、講談社学術文庫などにも入っているので、概略を知ることができる。

『忘れられた日本人』（岩波文庫・一九八四年）

「土佐源氏」と「村の寄りあい」が際立って有名だが、多様なスタイルを駆使して叙述された全編を通してぜひ読んでほしい。本文でも示したように、ここには宮本常一の「思想」のエッセンスがこめられている。

『山に生きる人びと』（河出文庫・二〇一一年）、『海に生きる人びと』（河出文庫・二〇一五年）

列島社会が稲作を生業とする人びとだけで成り立っていたわけではないことを主張し、描き出した意欲的な二作。また山でも海でも多くの人が移動していたことを明らかにしてくれる。

『宮本常一著作集25　村里を行く』（未來社・一九七七年）

太平洋戦争中に執筆・刊行された三〇代半ばの著作だが、「民俗誌」の枠を越えた「生活誌」への志向が見られる。時代状況を反映した冷え冷えとした切実さがつなぎとめられた隠れた名作。

『旅人たちの歴史1　野田泉光院』（未來社・一九八〇年）

地方や奥地への旅人としてよく知られる菅江真澄、イザベラ・バードらよりも、旅先の事実を淡々と記録した山伏の旅を宮本は評価し、自身の旅と重ね合わせる。

『民俗学の旅』（講談社学術文庫・一九九三年）
周防大島での生い立ちから、民俗学者としての活動までをくわしく語った自伝で、日本民俗学史の一端をうかがい知ることもできる。なお青春時代の宮本については、『和泉の国の青春』（八坂書房・二〇一〇年）で読むことができる。

『宮本常一　写真・日記集成』（全二巻＋別巻一／毎日新聞社・二〇〇五年）
約三〇〇〇点の写真と、一万三〇〇〇日余の日記を収め、宮本の精力的な活動の詳細、写真撮影が果たした役割を明らかにする。宮本のまなざしとともに、戦後の日本を追うことができる貴重な記録。

参考文献等
評伝では、**佐野眞一『旅する巨人――宮本常一と渋沢敬三』（文春文庫・二〇〇九年）**が宮本常一の一般的な評価に寄与した点でも、まず読まれるべき一書。
宮本常一論では、一九九九年におこなわれた講座をもとにした**網野善彦『宮本常一『忘れられた日本人』を読む』（岩波現代文庫・二〇一三年）**は、宮本民俗学と歴史学の交点をとくに意識し、網野史学との結びつきをわかりやすく語ってくれている。**『現代思想　総特集　宮本常一――生活へのまなざし』（青土社・二〇一一年一一月臨時増刊号）**は、社会学者、美術批評家らによる論稿に読むべきものが多い。岩田重則と成田龍一による討議「宮本常一の旅路の先に」における、宮本の歴史叙述が「民衆史研究」か「社会史研究」であるかという議論は重要。

民俗学者による宮本論では、**岩田重則『宮本常一――逸脱の民俗学者』（河出書房新社・二〇一三年）**が本格的な内容である。宮本のフィールドワークのあとをたどった**木村哲也『『忘れられた日本人』の舞台を旅する――宮本常一の軌跡』（河出書房新社・二〇〇六年）**、**『宮本常一を旅する』（河出書房新社・二〇一八年）**の二作は異色の宮本論とも、宮本への正攻法のアプローチともいえる。なお筆者（畑中）の著書・共著書に、宮本の編集者としての側面に着目した**『『日本残酷物語』を読む』（平凡社新書・二〇一五年）**、写真記録、写真表現の読解を意図した**『宮本常一と写真』（平凡社・二〇一四年）**がある。

『忘れられた日本人』における土佐源氏の一人語りや寄りあい合議制については、民俗学以外の領域からも評価されてきたが、生活史の文脈でとらえた社会学者・**岸政彦**によるもの**（『質的社会調査の方法――他者の合理性の理解社会学』共著・有斐閣・二〇一六年）**や、デヴィッド・グレーバーの議論との親和性を指摘した文化人類学者・**松村圭一郎**によるもの**（『くらしのアナキズム』ミシマ社・二〇二一年）**が刺激的。

宮本民衆史がめざした歴史意識や歴史叙述を受け継ぐものとして、**網野善彦『日本社会の歴史』（上・中・下／岩波新書・一九九七年）**と、近現代史に庶民の聞き書きを取り入れた**大門正克『日本の歴史十五　戦争と戦後を生きる――一九三〇年代から一九五五年』（小学館・二〇〇九年）**を挙げておきたい。

本書の執筆にあたってお世話になった、関西学院大学教授の島村恭則氏、周防大島郷土大学の山根耕治氏、講談社現代新書編集部の佐藤慶一氏に感謝します。

講談社現代新書　2706

今《いま》を生《い》きる思想《しそう》　宮本《みやもと》常《つね》一《いち》　歴史《れきし》は庶民《しょみん》がつくる

二〇二三年五月二〇日第一刷発行　二〇二四年二月一三日第六刷発行

著　者　畑中《はたなか》章宏《あきひろ》　© Akihiro Hatanaka 2023

発行者　森田浩章

発行所　株式会社講談社
東京都文京区音羽二丁目一二—二一　郵便番号一一二—八〇〇一
電　話　〇三—五三九五—三五二一　編集（現代新書）
〇三—五三九五—四四一五　販売
〇三—五三九五—三六一五　業務

装幀者　中島英樹／中島デザイン

印刷所　株式会社新藤慶昌堂

製本所　株式会社国宝社

定価はカバーに表示してあります　Printed in Japan

N.D.C. 380　110p　18cm
ISBN978-4-06-531783-9

「講談社現代新書」の刊行にあたって

教養は万人が身をもって養い創造すべきものであって、一部の専門家の占有物として、ただ一方的に人々の手もとに配布され伝達されうるものではありません。

しかし、不幸にしてわが国の現状では、教養の重要な養いとなるべき書物は、ほとんど講壇からの天下りや単なる解説に終始し、知識技術を真剣に希求する青少年・学生・一般民衆の根本的な疑問や興味は、けっして十分に答えられ、解きほぐされ、手引きされることがありません。万人の内奥から発した真正の教養への芽ばえが、こうして放置され、むなしく滅びさる運命にゆだねられているのです。

このことは、中・高校だけで教育をおわる人々の成長をはばんでいるだけでなく、大学に進んだり、インテリと目されたりする人々の精神力の健康さえもむしばみ、わが国の文化の実質をまことに脆弱なものにしています。単なる博識以上の根強い思索力・判断力、および確かな技術にささえられた教養を必要とする日本の将来にとって、これは真剣に憂慮されなければならない事態であるといわなければなりません。

わたしたちの「講談社現代新書」は、この事態の克服を意図して計画されたものです。これによってわたしたちは、講壇からの天下りでもなく、単なる解説書でもない、もっぱら万人の魂に生ずる初発的かつ根本的な問題をとらえ、掘り起こし、手引きし、しかも最新の知識への展望を万人に確立させる書物を、新しく世の中に送り出したいと念願しています。

わたしたちは、創業以来民衆を対象とする啓蒙の仕事に専心してきた講談社にとって、これこそもっともふさわしい課題であり、伝統ある出版社としての義務でもあると考えているのです。

一九六四年四月　野間省一